東南《とうなん》アジア

オセアニア

世界《せかい》スゴすぎマ

この本《ほん》で紹介《しょうかい》している63か国《こく》の位置《いち》を示《しめ》した地図《ちず》です。

ップ

※「ほかの国《くに》では」「世界《せかい》スゴすぎ調査隊《ちょうさたい》!!」「2〜7ページ」「日本《にほん》のびっくりギョー天《てん》！」で紹介《しょうかい》する国《くに》はのぞいています。

※地図《ちず》は赤《あか》→アジア州《しゅう》、青《あお》→ヨーロッパ州《しゅう》、緑《みどり》→アフリカ州《しゅう》、オレンジ→北《きた》アメリカ州《しゅう》、むらさき→南《みなみ》アメリカ州《しゅう》、茶《ちゃ》→オセアニア州《しゅう》に色分《いろわ》けしています。国名《こくめい》は通称《つうしょう》です。

スゴすぎ!
新《あたら》しい発見《はっけん》いっぱい！
世界《せかい》をのぞきに行《い》こう！

ヨーロッパ

ワクワク
世界《せかい》には
どんな国《くに》が
あるのかな
フィンランド
スウェーデン
アイスランド
デンマーク
イギリス
オランダ
ラトビア
ドイツ
ハンガリー
フランス
ブルガリア
スイス
ポルトガル
リヒテンシュタイン
スペイン
クロアチア

おもしろ大発見!

世界スゴすぎ事典

堺市博物館長
須藤健一 監修

池田書店

日本《にほん》と世界《せかい》を
くらべてみよう！
ある日《ひ》の日本《にほん》の街中《まちなか》です。
よくある場面《ばめん》に見《み》えますが……
Curry Restaurant
お水《みず》は
いりますか？
からーい！
コク
❶「はい」とこたえる
とき、うなずく。
あそぼう！
OK《オーケー》！
❷ 指《ゆび》で輪《わ》をつくると
「OK《オーケー》」の意味《いみ》になる。

❸ にじは7色《ななしょく》。
❹ ピースサインで写真《しゃしん》にうつる。
入学式
❺ イヌが「ワンワン」と鳴《な》く。
あ！　ワンワン！
次《つぎ》のページへ

でも世《せ》界《かい》では……

日本《にほん》ではふつうのことが、世界《せかい》ではまったくちがう意味《いみ》になってしまうことがあるのです！

インドでは、「はい」とこたえるとき、首《くび》を左右《さゆう》に横《よこ》にふる！

インドでは、「はい」とこたえたいとき、顔《かお》は前《まえ》に向《む》けたまま左右《さゆう》に小首《こくび》をかしげるようにふります。日本《にほん》では「はい」と伝《つた》えたいとき、うなずくことがありますが、インドでは通用《つうよう》しません。

フランスでは、指《ゆび》で輪《わ》をつくると相手《あいて》がおこる！

フランスで指《ゆび》で輪《わ》をつくるサインは、数字《すうじ》の「0」を表《あらわ》します。「0＝無能《むのう》だ」と考《かんが》え、ばかにされたと感《かん》じておこるのです。

ギリシャでピースサインをすると、「くたばれ」の意味《いみ》になる！

アメリカやイギリスでは
よい意味《いみ》のあるピースサインは、
ギリシャでは「くたばれ」という
悪《わる》い意味《いみ》になります。

リベリアでは、にじは２色《しょく》！

アフリカ西部《せいぶ》にある
リベリアのバッサ族《ぞく》では、
色《いろ》を表《あらわ》す言葉《ことば》が少《すく》ないため、
にじを赤《あか》と青《あお》の２色《しょく》で
表《あらわ》します。

イヌの鳴《な》き声《ごえ》が「ワンワン」ではない国《くに》がある！

イヌの鳴《な》き声《ごえ》は、
インドネシアでは「ゴンゴン」、
ルーマニアでは「ハムハム」と
されています。

日本《にほん》の中《なか》でも、住《す》んでいる場所《ばしょ》によって
言葉《ことば》や料理《りょうり》など、文化《ぶんか》や習慣《しゅうかん》に「ちがい」があります。
同《おな》じように日本《にほん》と世界《せかい》でも、
みんなが「スゴい！」とびっくりするような
ちがいがたくさんあります。
大切《たいせつ》なのは、その国《くに》の
「スゴい！」を知《し》って
ちがいを楽《たの》しみ
理解《りかい》すること。

そうすると
みんなの頭《あたま》の中《なか》の
考《かんが》え方《かた》や楽《たの》しさが
どんどん広《ひろ》がっていきます。
日本《にほん》と世界《せかい》のちがいを知《し》ることは、
「新《あたら》しい発見《はっけん》！」の入《い》り口《ぐち》でもあるのです。
ちがうからこそ、楽《たの》しい！　おもしろい！
さあみんなで、いろいろな国《くに》のスゴすぎを
さがしに出《で》かけましょう！

はじめに

地球上《ちきゅうじょう》には６０００もの固有《こゆう》の言葉《ことば》を話《はな》す人間集団《にんげんしゅうだん》が住《す》んでいます。さまざまな環境《かんきょう》のもとに住《す》み続《つづ》けた人《ひと》びとは、生活《せいかつ》の知恵《ちえ》と技術《ぎじゅつ》、ならわしや決《き》まり、そして芸術《げいじゅつ》や信仰《しんこう》など独自《どくじ》の文化《ぶんか》を生《う》み出《だ》しました。そして、ほかの集団《しゅうだん》と出《で》会《あ》い、自分《じぶん》の言葉《ことば》や考《かんが》え方《かた》がほかとちがうことを知《し》りました。その文化《ぶんか》のちがいで争《あらそ》いもおきましたが、おたがいにモノや知識《ちしき》や歌《うた》などを交換《こうかん》し、人《ひと》と人《ひと》とがむすばれてより豊《ゆた》かな社会《しゃかい》をつくりあげてきたのです。

本書《ほんしょ》では、世界《せかい》の身近《みぢか》な食《た》べものから、仕事《しごと》、学校《がっこう》、乗《の》りもの、行事《ぎょうじ》やマナーなどにいたるまでいろいろな文化《ぶんか》を紹介《しょうかい》しています。異《こと》なる国《くに》や地域《ちいき》の人《ひと》びととわたしたちの習慣《しゅうかん》や考《かんが》えには「びっくりする」くらいちがうものがたくさんあります。

このちがいを深《ふか》く理解《りかい》するには、自分《じぶん》の「ものさし」で相手《あいて》の文化《ぶんか》を判断《はんだん》するのではなく、相手《あいて》の立場《たちば》に身《み》をおいてものごとを考《かんが》えてみる姿勢《しせい》がとても大切《たいせつ》です。

読者《どくしゃ》のみなさま、本書《ほんしょ》によって自分《じぶん》の常識《じょうしき》とほかの地域《ちいき》や国《くに》の人《ひと》びととの生活《せいかつ》やならわしとのちがいをよく知《し》り、相手《あいて》を思《おも》いやる心《こころ》をもってください。

監修者《かんしゅうしゃ》　堺市博物館《さかいしはくぶつかん》　館長《かんちょう》　須藤《すどう》　健一《けんいち》

もくじ

1章 世界《せかい》の食《た》べもの

2章 世界《せかい》のお店《みせ》・仕事《しごと》

3章 世界《せかい》の学校《がっこう》・生活《せいかつ》

5章 世界《せかい》の行事《ぎょうじ》・スポーツ

6章 世界《せかい》のびっくりルール・マナー

す る 国《くに》

Q.何《なに》、食《た》べているの？

30ページをチェック！

1章《しょう》

世界《せかい》の食《た》べもの

世界《せかい》には、その土地《とち》ごとにさまざまな食《た》べものがあるよ。日本《にほん》ではあまり知《し》らないものや、スゴい食習慣《しょくしゅうかん》があるんだって！　見《み》てみよう！

Q.どこで食《た》べられる？

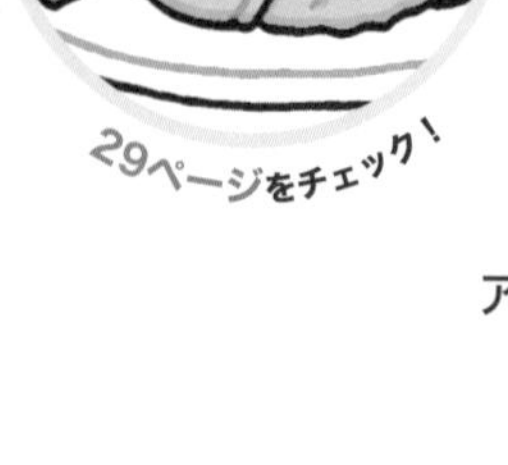

29ページをチェック！

1章《しょう》で紹《しょう》介《かい》

Q. どこで食《た》べられる？

26ページをチェック！

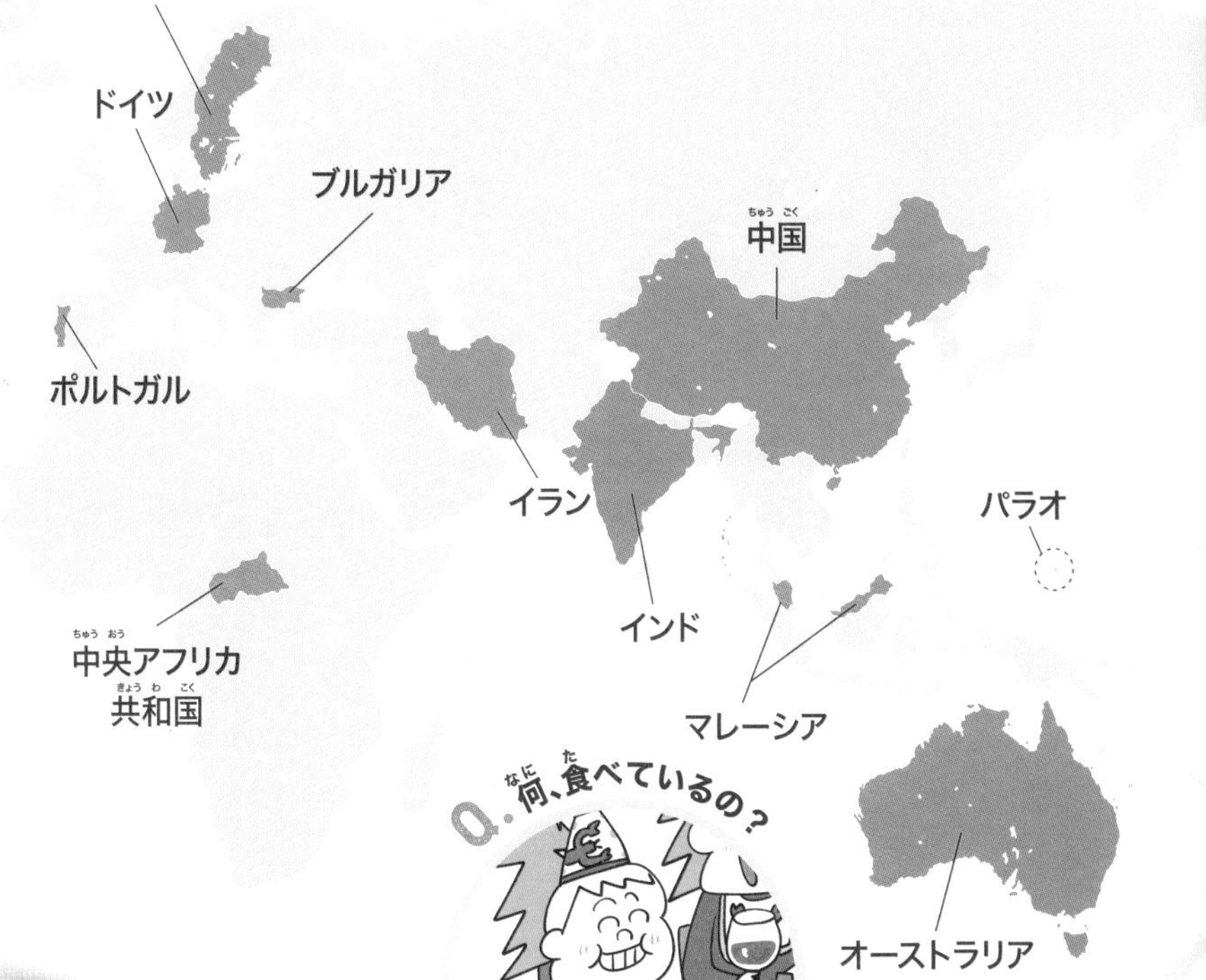

Q. 何《なに》、食《た》べているの？

24ページをチェック！

インドのカレーのスゴいところとは？

なんと！

インドではカゼもカレーで治《なお》す!?

年中暑《ねんじゅうあつ》いインドでは、**スパイスをたくさん使《つか》った料理《りょうり》をよく食《た》べます。**スパイスは味《あじ》や香《かお》りをよくするだけでなく、健康《けんこう》にもよいといわれ、体調《たいちょう》によって、量《りょう》や使《つか》う種類《しゅるい》を変《か》えます。たとえば、「カゼを引《ひ》いたかな？」と思《おも》ったら、シナモンやクミン、コショウなどをたっぷり入《い》れたカレーを食《た》べます。また、薬《くすり》にもスパイスが使《つか》われることがあり、なんと激辛《げきから》カレー風味《ふうみ》の胃薬《いぐすり》もつくられます。スパイスは、どこでも買《か》うことができ、お店《みせ》には何十種類《なんじっしゅるい》ものスパイスが売《う》られています。

そんなインドでは、宗教上《しゅうきょうじょう》の

ほかの国《くに》では

カゼのときに何《なに》食《た》べる？

韓国《かんこく》ではふだんからキムチチゲを食《た》べるよ。とうがらしにつけこまれたキムチが入《はい》った温《あたた》かいスープで、たくさんあせをかくから、カゼの治《なお》りが早《はや》いといわれているんだよ。

中国《ちゅうごく》の香港《ほんこん》では温《あたた》めたコーラにしょうがやレモンを入《い》れて飲《の》むんだ！ 体《からだ》が温《あたた》まるし、あまくておいしいよ。

アメリカでは、とり肉《にく》とたっぷりの野《や》菜《さい》を煮《に》こんだチキンスープを飲《の》むよ。食《しょく》欲《よく》がないときでも、スープなら飲《の》みやすいし、栄養満点《えいようまんてん》で喜《よろこ》ばれているんだ。

理由《りゆう》で牛肉《ぎゅうにく》、ぶた肉《にく》を食《た》べない人《ひと》が多《おお》く、ビーフカレーやポークカレーはあまり見《み》られません。豆《まめ》や野菜《やさい》、羊肉《ようにく》やとり肉《にく》のカレーがよく食《た》べられています。また、あまいものも好《す》きなインドの人《ひと》のあいだでは、グラブジャムンという砂糖《さとう》シロップづけのドーナツも人気《にんき》です。

マメ知識《ちしき》

インドで信仰《しんこう》されているヒンドゥー教《きょう》では、女性《じょせい》は、ひたいにビンディーとよばれる装飾《そうしょく》をつける習慣《しゅうかん》があります。

びっくり！

イランでは日中《にっちゅう》、何《なに》も食《た》べてはいけない日《ひ》がある!?

イランは、国民《こくみん》の多《おお》くがイスラム教《きょう》を信《しん》じている国《くに》です。イスラム教徒《きょうと》としてさまざまな決《き》まりがあり、ラマダン（イスラム暦《れき》の第九月《だいくがつ》）に約《やく》1か月間断《げっかんだん》食《じき》をするのもそのひとつです。

ラマダンのあいだ、太陽《たいよう》が出《で》てからしずむまで、飲食《いんしょく》は禁《きん》止《し》。水《みず》も飲《の》んではいけません。食料品店《しょくりょうひんてん》もレストランも開《あ》いていません。**テレビで食《た》べものや料理《りょうり》をうつすのも禁止《きんし》**です。

ただし太陽《たいよう》がしずんだ後《あと》の飲《いん》食《しょく》は自由《じゆう》！　夜《よる》はパーティーが開《ひら》かれ、栄養《えいよう》たっぷりのごうかなごちそうをみんなでしっかりとります。

マメ知識《ちしき》

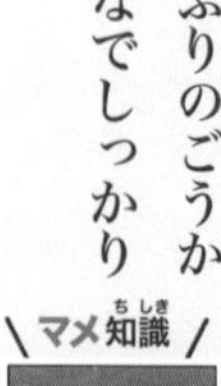

イランでは国《くに》の宗教《しゅうきょう》がイスラム教《きょう》と法律《ほうりつ》で決《き》められています。そのため、人口《じんこう》のおよそ99パーセントの人《ひと》がイスラム教《きょう》を信仰《しんこう》しています。

スゴすぎ！ 中国《ちゅうごく》には1本《ぽん》50mの長《なが》〜〜いめんがある！

中国《ちゅうごく》の山西省《さんせいしょう》は、昔《むかし》から小麦《こむぎ》づくりがさかんな地域《ちいき》です。めん料理《りょうり》だけで400種類以上《しゅるいいじょう》あるといわれています。

なかでも、「一根《イーゲン》めん」は、1食分《しょくぶん》が、長《なが》さ50m以上《いじょう》の1本《ぽん》のめんというとても変《か》わったメニューです。別名《べつめい》「長寿《ちょうじゅ》めん」ともいい、**長《なが》い人生《じんせい》を送《おく》れるようにとの願《ねが》いをこめて、おめでたい席《せき》で食《た》べられる料理《りょうり》**です。

一根《イーゲン》めんをゆでるときは、細《ほそ》長《なが》く伸《の》ばした生地《きじ》を空中《くうちゅう》に飛《と》ばすようにして湯《ゆ》の中《なか》に入《い》れるのですが、切《き》れることなくめんを鍋《なべ》に入《い》れるようすはまさに職人《しょくにん》技《わざ》です。

\ マメ知識《ちしき》 /

トルコ料理《りょうり》、フランス料理《りょうり》とともに世界三大料理《せかいさんだいりょうり》のひとつとされる中国料理《ちゅうごくりょうり》は、さまざまな食材《しょくざい》を使《つか》い、油《あぶら》を多《おお》く使《つか》うのが特徴《とくちょう》です。

びっくり！ マレーシアではセミのすあげが人気《にんき》！

マレーシアのボルネオ島《とう》にくらすカヤン族《ぞく》の人《ひと》びとは、おやつにセミのすあげを食《た》べます。エビのような味《あじ》わいとサクサクとした食感《しょっかん》で人気《にんき》があります。

夜《よる》、灯《あか》りに集《あつ》まってきたセミをつかまえたら、あしと羽《はね》をとって油《あぶら》であげます。カヤン族《ぞく》の人《ひと》たちは、「**セミは空《そら》を飛《と》び回《まわ》り空気《くうき》を食《た》べているので、きれいな食《た》べものだ**」と考《かんが》えています。

日本《にほん》でも長野県《ながのけん》などでは、ハチの子《こ》などの昆虫《こんちゅう》を食《た》べる文化《ぶんか》があります。昆虫食《こんちゅうしょく》は栄養《えいよう》たっぷりで環境《かんきょう》にもやさしく、世界《せかい》中《じゅう》で注目《ちゅうもく》されています。

マメ知識《ちしき》

マレーシアは国土《こくど》のほとんどが熱帯雨林《ねったいうりん》におおわれています。一年中雨《いちねんじゅうあめ》が多《おお》く降《ふ》り、気温《きおん》も湿度《しつど》も高《たか》く、果物《くだもの》の宝庫《ほうこ》です。

なんと！ 中央《ちゅうおう》アフリカ共和国《きょうわこく》ではシロアリを食《た》べる！

中央《ちゅうおう》アフリカ共和国《きょうわこく》は、アフリカ大陸《たいりく》の中央《ちゅうおう》にある国《くに》です。**雨季《うき》になると、人《ひと》びとは食《た》べるためにシロアリをつかまえます。**シロアリは、生《なま》で食《た》べることもできますし、バターでいためると、こうばしくておいしいといいます。アフリカのシロアリは、日本《にほん》のシロアリとちがい、地上《ちじょう》に小山《こやま》のような巣《す》をつくっています。雨季《うき》になると、シロアリたちが巣《す》から飛《と》び立《た》つので、人《ひと》びとはそれを待《ま》ちかまえてつかまえるのです。

シロアリは栄養《えいよう》が豊富《ほうふ》で、アジアやオセアニアなどの地域《ちいき》でも食《た》べられています。

マメ知識《ちしき》

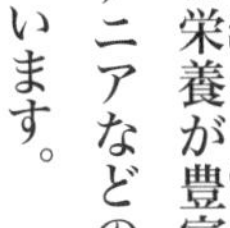

中央《ちゅうおう》アフリカ共和国《きょうわこく》には、クロサイやアフリカゾウのような絶滅《ぜつめつ》が心配《しんぱい》される貴重《きちょう》な動物《どうぶつ》が生息《せいそく》しています。

世界《せかい》スゴすぎ調査隊《ちょうさたい》!! 食事編《しょくじへん》

世界《せかい》には、日本《にほん》とはちがう食《た》べものや食《た》べ方《かた》がたくさんあるよ！
世界《せかい》の食事《しょくじ》について調査《ちょうさ》したよ！

ギモン

日本《にほん》とちがう世界《せかい》のめずらしい食事《しょくじ》や習慣《しゅうかん》を知《し》りたい！

調査《ちょうさ》NO《ナンバー》1

スペイン

スペインでは1日《にち》に、朝《あさ》ごはん、午《ご》前《ぜん》の軽食《けいしょく》、お昼《ひる》ごはん、夕方《ゆうがた》の軽食《けいしょく》、夕《ゆう》ごはんと合計《ごうけい》5回《かい》も食事《しょくじ》の時間《じかん》があるよ！　そんなに食《た》べて太《ふと》ってしまわないか心配《しんぱい》になるけど、1回《かい》の食事《しょくじ》の量《りょう》は少《すく》なめだから大丈夫《だいじょうぶ》なんだって。

インド

調査《ちょうさ》NO《ナンバー》2

インドをはじめ、アジアやアフリカ、オセアニアの国《くに》の中《なか》には、フォークやおはしといった道具《どうぐ》を使《つか》わずに、手《て》を使《つか》って食事《しょくじ》をする国《くに》があるよ。

手《て》で食《た》べることで、口《くち》で味《あじ》わうだけじゃなく、手《て》ざわりからもおいしさを感《かん》じることができるんだって！

イギリス 調査《ちょうさ》NO《ナンバー》3

日本《にほん》ではサイダーというと、炭酸《たんさん》ジュースのことだけど、イギリスではサイダーはりんごからつくるお酒《さけ》のことなんだ！　だから、イギリスの子《こ》どもはサイダーを飲《の》んではいけないんだ。

ちなみに、イギリスで、日本《にほん》のサイダーのような飲《の》みものは「ソーダポップ」というよ。

ブラジル 調査《ちょうさ》NO《ナンバー》4

ブラジルやイタリアでは、レンズ豆《まめ》という豆《まめ》がコインの形《かたち》ににていることから、金運《きんうん》アップによいといわれているんだ！　大晦日《おおみそか》にレンズ豆《まめ》を食《た》べると１年間《ねんかん》お金《かね》にこまらないといわれているよ。

調査《ちょうさ》NO《ナンバー》5 エジプト

エジプトではハトが高級食材《こうきゅうしょくざい》なんだ！　ハトにお米《こめ》をつめて丸焼《まるや》きにした料理《りょうり》はごちそうとして食《た》べられているよ。エジプトの農家《のうか》では、ハトの塔《とう》という建物《たてもの》で食用《しょくよう》のハトを育《そだ》てていることもあるんだ。

なんと！

スウェーデンでは夏《なつ》にザリガニを食《た》べる！

スウェーデンでは、毎年《まいとし》8月《がつ》のなかばから終《お》わりにかけて、塩《しお》と香草《こうそう》でゆでたザリガニを食《た》べるパーティーが開《ひら》かれます。

スウェーデンのある北《きた》ヨーロッパはもともと湖《みずうみ》が多《おお》く、**500年《ねん》ほど前《まえ》から湖《みずうみ》にすむザリガニを食《た》べる習慣《しゅうかん》**があります。なかでもスウェーデンのザリガニは、高級《こうきゅう》とされ、昔《むかし》は王《おう》様《さま》しか食《た》べられませんでした。しかし、しだいに庶民《しょみん》にも広《ひろ》まると、あまりのおいしさに、ザリガニを大量《たいりょう》にとる人《ひと》がふえてしまいました。そのため、「ザリガニ漁《りょう》は8〜9月《がつ》だけ」と国《くに》で定《さだ》められました。また、日本《にほん》

ほかの国《くに》では

ザリガニをどうやって食《た》べている？

中国《ちゅうごく》では、ザリガニをとうがらしなどといっしょにいためて食《た》べるよ。

フランスではザリガニは高級《こうきゅう》で、コース料理《りょうり》として出《で》てくるんだ。

アメリカの南部《なんぶ》では1～4月《がつ》ごろにとれるよ。とれたザリガニは、ゆでて食《た》べるんだ。

のザリガニは、加工《かこう》に時間《じかん》をかけないとおいしく食《た》べられませんが、きれいな湖《みずうみ》にすむスウェーデンのザリガニはどろくささも少《すく》なく、おいしく食《た》べることができます。ザリガニは、夏《なつ》に欠《か》かせない食材《しょくざい》として、今《いま》もスウェーデンの人《ひと》びとに愛《あい》されています。

マメ知識《ちしき》

スウェーデンは、国土《こくど》の60パーセント以上《いじょう》が森林《しんりん》におおわれているため、林業《りんぎょう》や製材《せいざい》、製紙工業《せいしこうぎょう》がさかんです。

ホントに!?

ドイツのスゴすぎなぶた肉《にく》の食《た》べ方《かた》とは!?

ぶた肉《にく》は、ふつう生《なま》で食《た》べることはできません。細菌《さいきん》や寄生虫《きせいちゅう》がついていることがあって、火《ひ》を通《とお》さずに食《た》べると食中毒《しょくちゅうどく》をおこすことがあるからです。

ところがドイツでは、きびしい管理《かんり》のもと加工《かこう》されたぶた肉《にく》が売《う》られているので、**ぶた肉《にく》を生《なま》で食《た》べることができるのです。**数《かず》ある生《なま》のぶた肉料理《にくりょうり》の中《なか》でも、生《なま》のぶたのひき肉《にく》に塩《しお》、こしょう、玉《たま》ねぎなどをまぜた「メット」という料理《りょうり》が有名《ゆうめい》です。パーティーでは、ドイツ人《じん》になじみ深《ぶか》いハリネズミ形《がた》にもりつけたメットをパンにのせて食《た》べます。

マメ知識《ちしき》

ドイツはヨーロッパの中央部《ちゅうおうぶ》にある国《くに》で、「赤《あか》ずきん」や「白雪姫《しらゆきひめ》」などのグリム童話《どうわ》が有名《ゆうめい》です。

スゴすぎ！

ブルガリアでは1年《ねん》でひとり約《やく》30ℓのヨーグルトを食《た》べる！

約《やく》5000年前《ねんまえ》から、ヨーグルトが食《た》べられていたといわれるブルガリアでは、ヨーグルトを冷《つめ》たいスープにしたり、ハンバーグのソースにしたり、ヨーグルトをいろいろな料理《りょうり》に使《つか》うのです。今《いま》では店《みせ》で売《う》っているヨーグルトを買《か》う人《ひと》もふえましたが、以前《いぜん》は、それぞれの家庭《かてい》で手《て》づくりするもので、家《いえ》ごとに風味《ふうみ》がちがっていました。

５月６日《がつむいか》の「聖《せい》ゲオルギの日《ひ》」という祝日《しゅくじつ》は、その年《とし》のヨーグルトづくりを始《はじ》める日《ひ》とされています。その日《ひ》は、かならずヨーグルト料理《りょうり》を食《た》べるのが伝統《でんとう》です。

＼マメ知識《ちしき》／

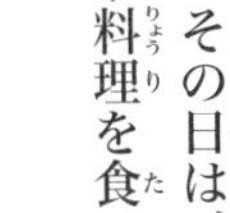

ブルガリアはヨーロッパの東部《とうぶ》にある国《くに》です。バラの生産《せいさん》がさかんで、世界《せかい》に流通《りゅうつう》しているバラの多《おお》くがブルガリア産《さん》のバラです。

びっくり！

ポルトガルでは謎《なぞ》の魚《さかな》「バカヤロー」が大人気《だいにんき》!?

ポルトガルは大西洋《たいせいよう》に面《めん》していて、漁業《ぎょぎょう》がさかんな国《くに》です。そのため、水産物《すいさんぶつ》を使《つか》った料理《りょうり》がよく食《た》べられています。なかでも、**ポルトガルの国民食《こくみんしょく》ともいわれるのが「バカリャウ」です。**初《はじ》めて耳《みみ》にした日本人《にほんじん》には「バカヤロー！」と聞《き》こえておどろくかもしれませんが、**バカリャウとは、塩《しお》づけにしたタラを干《ほ》したものです。**長期保存《ちょうきほぞん》ができるので、昔《むかし》は船乗《ふなの》りたちの貴重《きちょう》な食料《しょくりょう》でした。今《いま》でも、ポルトガルの人《ひと》には人気《にんき》があり、コロッケにしたり、グラタンにしたりと、３００種類以上《しゅるいいじょう》のレシピがあるといわれます。

マメ知識《ちしき》

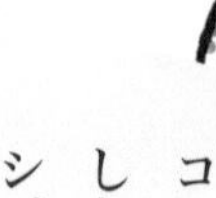

ポルトガルはヨーロッパの南西《なんせい》にある国《くに》です。首都《しゅと》のリスボンは「7つの丘《おか》の街《まち》」とよばれるほど坂道《さかみち》の多《おお》い街《まち》として知《し》られています。

びっくり！

アルマジロを丸《まる》焼《や》きにする！ アルゼンチンのおもてなし

アルゼンチンは牧畜《ぼくちく》がさかんな国《くに》で、**肉《にく》の消費量《しょうひりょう》は世界《せかい》でもトップクラス！** 肉《にく》を炭火《すみび》で焼《や》いて塩《しお》で味《あじ》つけをした「アサード」は、伝統的《でんとうてき》なアルゼンチン料理《りょうり》として有名《ゆうめい》です。肉《にく》を焼《や》いて食《た》べるのが好《す》きなアルゼンチンの人《ひと》たちですが、なかにはめずらしい肉《にく》もあります。それは、アルゼンチンの草原地帯《そうげんちたい》などにすむアルマジロです。かたいこうらをもつ**アルマジロを、丸《まる》焼《や》きにして食《た》べます。** 丸焼《まるや》きのアルマジロは、日本人《にほんじん》にはびっくりですが、アルゼンチンの人《ひと》にはなじみ深《ぶか》い食材《しょくざい》で、野《や》性味《せいみ》あふれたごちそうです。

マメ知識《ちしき》

アルマジロのこうらを使《つか》ってつくった伝統的《でんとうてき》な弦楽器《げんかっき》は「チャランゴ」といい、南《みなみ》アメリカ大陸全土《たいりくぜんど》に広《ひろ》まっています。

いいなぁ！

カナダでは雪《ゆき》に メープルシロップをたらす！

メープルシロップは、サトウカエデの樹液《じゅえき》を煮《に》つめてつくるあまいシロップです。カナダのケベック州《しゅう》は世界《せかい》のメープルシロップの約《やく》70パーセントを生産《せいさん》しています。

カナダでは、雪《ゆき》どけのころになるとサトウカエデの木《き》に小《ちい》さな穴《あな》を開《あ》けて樹液《じゅえき》を集《あつ》め、メープルシロップをつくります。樹《じゅ》液《えき》は、きびしい冬《ふゆ》のあいだにあまくなるからです。毎年《まいとし》3～4月《がつ》に、カナダの各地《かくち》で行《おこな》われるメープルシロップ祭《まつ》りは、自然《しぜん》のめぐみに感謝《かんしゃ》し、春《はる》のおとずれを祝《いわ》う、カナダの人《ひと》たちにとって大切《たいせつ》なイベントです。

お祭《まつ》りは、サトウカエデの森《もり》の中《なか》にある、シュガーシャックとよばれる小屋《こや》のまわりで行《おこな》われます。シュガーシャックでは、昔《むかし》ながらの方法《ほうほう》でメープルシロップが手《て》づくりされていて、つくりたてのメープルシロップを味《あじ》わうこともできます。**そんなお祭《まつ》りならではのメープルシロップの楽《たの》しみ方《かた》が「メープルタフィー」です。**

こく煮《に》つめたメープルシロップを雪《ゆき》の上《うえ》にたらして、ぼうでクルクルとまきとります。メープルシロップのあまさと、雪《ゆき》のシャリシャリとした食感《しょっかん》が大人《おとな》にも子《こ》どもにも大人気《だいにんき》です。

お国《くに》自《じ》まん

メープルシロップ料理《りょうり》あれこれ

カナダでは、メープルシロップをたっぷりかけたパンケーキが朝食《ちょうしょく》の定番《ていばん》！　目玉焼《めだまや》きにかけることもあるよ！　塩《しお》とメープルシロップのあまみがあわさって、とってもおいしいんだ！　デザートのアイスクリームやワッフルにかけるのはもちろん、とり肉《にく》やぶた肉料理《にくりょうり》のソースや、コーヒーや紅茶《こうちゃ》の砂糖《さとう》代《が》わりにも使《つか》われるよ。

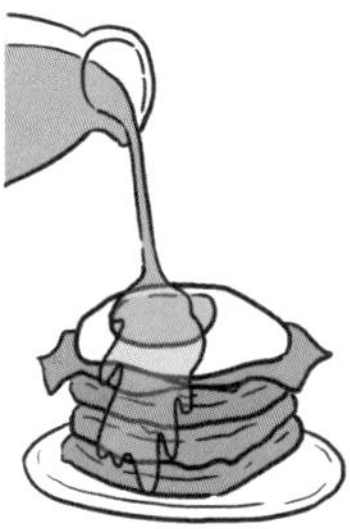

マメ知識《ちしき》

カナダの国旗《こっき》にえがかれている葉《は》っぱはサトウカエデの葉《は》です。サトウカエデの木《き》はとてもじょうぶで、家《いえ》をつくる木材《もくざい》としても使《つか》われます。

スゴすぎ！

マテ茶《ちゃ》の回《まわ》し飲《の》みで仲《なか》よし！ウルグアイの「ロンダ」とは!?

マテ茶《ちゃ》は、南《みなみ》アメリカ原産《げんさん》のモチノキの一種《いっしゅ》であるマテの葉《は》やくきを乾燥《かんそう》させた茶葉《ちゃば》でつくる飲《の》みものです。すっきりと飲《の》みやすく栄養満点《えいようまんてん》です。

南《みなみ》アメリカの多《おお》くの国《くに》で飲《の》まれているマテ茶《ちゃ》ですが、とくにウルグアイの人《ひと》たちはマテ茶《ちゃ》が大好《だいす》きで、いつでもどこでもマテ茶《ちゃ》を飲《の》みます。でかけるときにもマテ茶《ちゃ》を飲《の》むための道具《どうぐ》を手放《てばな》しません。

グァンパとよばれる入《い》れものに茶葉《ちゃば》を入《い》れて熱湯《ねっとう》や水《みず》を注《そそ》ぎ、ボンビージャとよばれるストローで飲《の》みます。

人《ひと》が集《あつ》まるときには、だれか

ほかの国《くに》では

マテ茶《ちゃ》をどうやって飲《の》んでいるの？

アルゼンチンでは、「テレレ」を飲《の》むよ。これは、水《みず》で入《い》れたマテ茶《ちゃ》のことで、レモンやはちみつを入《い》れることもあるよ。

パラグアイでは、マテ茶《ちゃ》と砂糖《さとう》をこがしたものにお湯《ゆ》を注《そそ》いだ、「コシード」という飲《の》み方《かた》をするよ。こうばしくておいしいんだ。

南《みなみ》アメリカから遠《とお》くはなれたシリアでもマテ茶《ちゃ》が人気《にんき》。1900年代《ねんだい》に南《みなみ》アメリカにわたった人《ひと》たちが持《も》ち帰《かえ》って広《ひろ》めたよ。

が茶器《ちゃき》を持《も》ってきて、**みんなでひとつの茶器《ちゃき》でマテ茶《ちゃ》を順番《じゅんばん》に回《まわ》し飲《の》みします。**この回《まわ》し飲《の》みのことを「ロンダ」といいます。ウルグアイの人《ひと》たちにとって、**仲間《なかま》と友情《ゆうじょう》を温《あたた》めたり、お客《きゃく》さんをもてなしたりするときには欠《か》かせない飲《の》みもの**文化《ぶんか》になっています。

マメ知識《ちしき》

ウルグアイは、農業《のうぎょう》と牧畜《ぼくちく》がさかんです。とくに牛肉《ぎゅうにく》の生産《せいさん》がさかんで、食生活《しょくせいかつ》でも牛肉《ぎゅうにく》がよく食《た》べられています。

なんと！

コーラがあわ立《だ》つ!? ボリビアの炭酸飲料《たんさんいんりょう》の謎《なぞ》

ボリビアの主要都市《しゅようとし》ラパスの標高《ひょうこう》は、約《やく》3600m！ なんと、富士山《ふじさん》の頂上《ちょうじょう》に町《まち》があるのとほとんど変《か》わりません。空気《くうき》がとてもうすいので、観光客《かんこうきゃく》などなれない人《ひと》は息《いき》が苦《くる》しくなったり、頭《あたま》が痛《いた》くなったりする高《こう》山病《ざんびょう》になる人《ひと》もいます。

そんなラパスでは、**コーラなどの炭酸飲料《たんさんいんりょう》は、開《あ》けるとあわ立《だ》ってふきこぼれ、**お菓子《かし》のふくろは風船《ふうせん》のようにふくらんでしまいます。これは標高《ひょうこう》の高《たか》いところでは、低《ひく》いところで中身《なかみ》を入《い》れた飲料《いんりょう》や菓子《かし》の容器《ようき》の内《うち》側《がわ》と外側《そとがわ》で、気圧《きあつ》の差《さ》ができてしまうためです。

＼マメ知識《ちしき》／

ボリビアには白人《はくじん》や、36の先住民《せんじゅうみん》（インディオ）、「メスティーソ」とよばれる白人《はくじん》と先住民《せんじゅうみん》との混血《こんけつ》の人《ひと》びとがくらしています。

いいなぁ！ オーストラリアは毎週《まいしゅう》バーベキューパーティー

オーストラリアの人《ひと》たちはバーベキューが大好《だいす》きです。多《おお》くの家庭《かてい》には、バーベキュー用《よう》のコンロがあります。さらに、**公園《こうえん》や川原《かわら》などにだれでも無料《むりょう》で使《つか》えるコンロがおかれている**ので、手軽《てがる》にバーベキューを楽《たの》しめます。

　オーストラリアでは牧畜《ぼくちく》がさかんで、新《しん》せんな肉《にく》が手《て》に入《はい》ります。牛肉《ぎゅうにく》や羊肉《ようにく》などのほか、カンガルーの肉《にく》も食《た》べます。カンガルーは、オーストラリアの象徴《しょうちょう》とされる動物《どうぶつ》ですが、ふえすぎると畑《はたけ》をあらすため、ハンターが決《き》められた数《かず》をつかまえ、店《みせ》で販売《はんばい》されるのです。

マメ知識《ちしき》

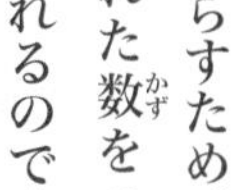

オーストラリアでは、食用《しょくよう》のためだけではなく、羊毛《ようもう》をとって海外《かいがい》に輸出《ゆしゅつ》するために羊《ひつじ》が多《おお》く飼育《しいく》されています。

なんと！ 南国《なんごく》パラオでも日本《にほん》と同《おな》じおしるこが食《た》べられる

パラオは、南太平洋《みなみたいへいよう》にある島国《しまぐに》です。第二次世界大戦《だいにじせかいたいせん》が終《お》わるまでは日本《にほん》の統治下《とうちか》にあったため、日本文化《にほんぶんか》の影響《えいきょう》を受《う》け、今《いま》もその名残《なごり》があります。

たとえば、パラオの人《ひと》は、正月《しょうがつ》に白玉《しらたま》と小豆《あずき》でつくったおしるこを食《た》べる習慣《しゅうかん》があり、**「オシルコ」はパラオ語《ご》になっています。**また、日本《にほん》のおにぎりのような「ムスビ」や、あげパンのような「アブラパン」も人気《にんき》です。ほかにも、「アジダイジョーブ」は、味《あじ》が大丈夫《だいじょうぶ》、つまりおいしいという意味《いみ》で、日常的《にちじょうてき》に使《つか》われる言葉《ことば》になっています。

＼マメ知識《ちしき》／

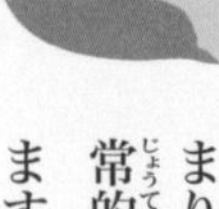

パラオには、日本《にほん》がつくった「日本《にほん》―パラオ友好《ゆうこう》の橋《はし》」という島《しま》と島《しま》をむすぶ橋《はし》があり、住人《じゅうにん》の大切《たいせつ》な交通手段《こうつうしゅだん》になっています。

日本《にほん》のびっくりギョー天《てん》！ 食《た》べもの編《へん》

世界《せかい》の人《ひと》たちに、びっくりした日本《にほん》の食《た》べものを聞《き》いたよ！

たまごが生《なま》だけど…

朝《あさ》ごはんに生《なま》たまごをのせたごはんが出《で》てきたんだ…。たまごって生《なま》で食《た》べられるの？

日本《にほん》のたまごは生《なま》で食《た》べても安全《あんぜん》だよ。たまごかけごはんはめずらしいんだね。

ネバネバの豆《まめ》!?

ネバネバしてふしぎなにおいのする豆《まめ》。おいしいの？

それは納豆《なっとう》だよ。大豆《だいず》の発酵《はっこう》食品《しょくひん》で、体《からだ》にもいいんだよ。

カレーパン最高《さいこう》!!

カレーが入《はい》ったパンなんて初《はじ》めて食《た》べたわ！　おいしい！

外国《がいこく》にはカレーパンはないのかな？　あんパンも気《き》に入《い》ってくれるかな？

おかずがたくさん！

パラグアイのお弁当《べんとう》はこんなにおかずが入《はい》っていないよ。とってもごうかでうらやましいなあ！

お弁当《べんとう》でいろいろなおかずが食《た》べられるのは日本《にほん》ならではなんだね！

する国《くに》

2章《しょう》

世界《せかい》のお店《みせ》・仕事《しごと》

世界《せかい》にも図書館《としょかん》やスーパーマーケットなどいろいろなお店《みせ》があるよ。日本《にほん》では見《み》かけることがない仕事《しごと》にびっくりするかもしれないね。

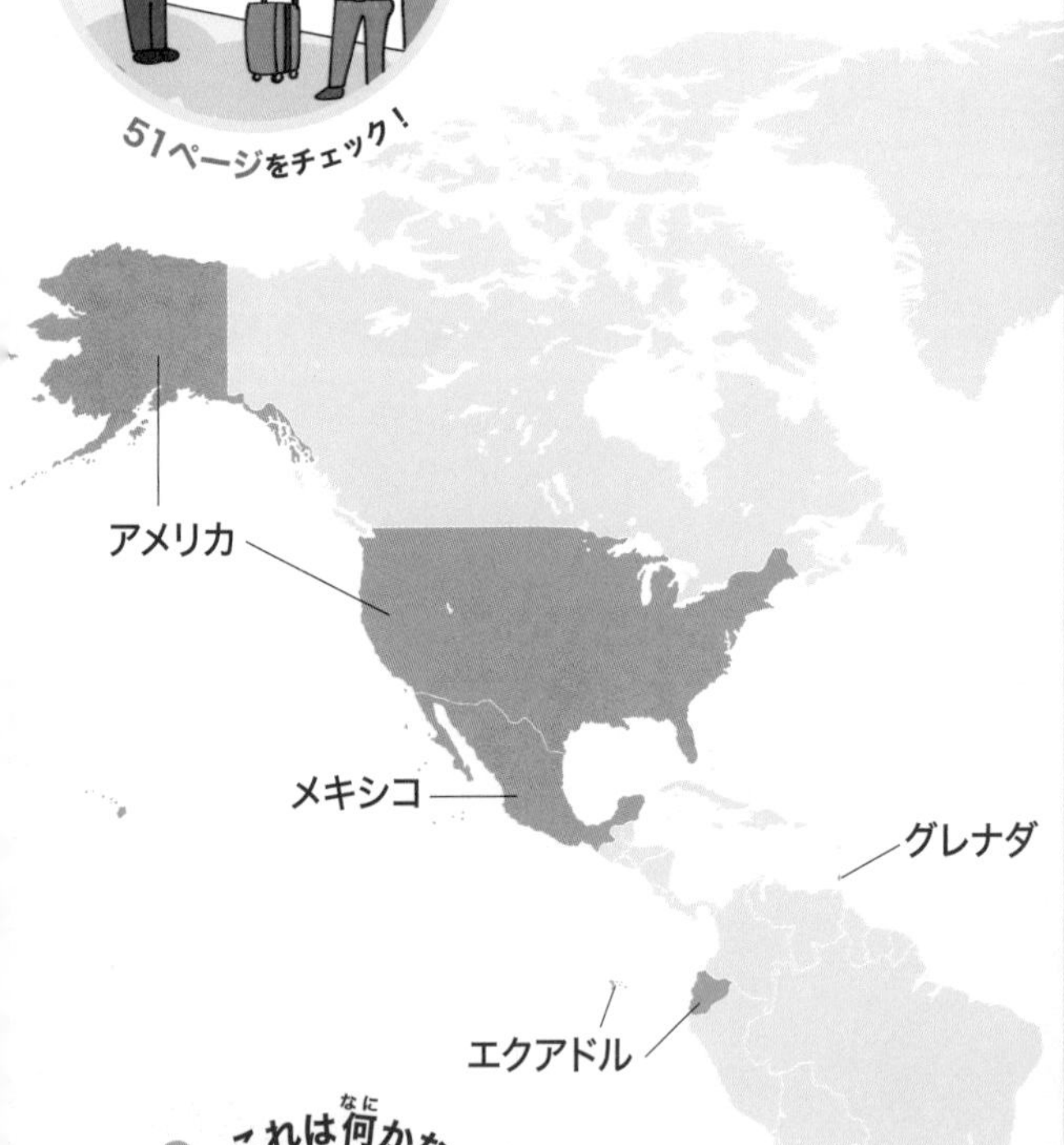

Q.何《なに》をしているのかな？

51ページをチェック！

Q.これは何《なに》かな？

53ページをチェック！

2 章《しょう》で紹《しょう》介《かい》

Q. 何《なに》をしているのかな？

46ページをチェック！

Q. 何《なに》をしているのかな？

58ページをチェック！

モルディブの小《ちい》さな島《しま》にある「役割《やくわり》」とは？

スゴすぎ！

インドの映画館《えいがかん》では、みんな大声《おおごえ》で主人公《しゅじんこう》を応援《おうえん》する!?

インドは、映画産業《えいがさんぎょう》がさかんな国《くに》で、1年間《ねんかん》につくられる映《えい》画《が》の数《かず》は世界一《せかいいち》です。映画館《えいがかん》では、観客《かんきゃく》は声《こえ》を出《だ》して主人公《しゅじんこう》を応援《おうえん》したり、悪役《あくやく》にやじを飛《と》ばしたりします。多《おお》くのインド映《えい》画《が》に出《で》てくる、歌《うた》やダンスのシーンでは、観客《かんきゃく》は歌《うた》ったりおどったりします。

そんなにぎやかなインドの映《えい》画館《がかん》ですが、**映画《えいが》が始《はじ》まる前《まえ》には全員《ぜんいん》で起立《きりつ》して国歌《こっか》を歌《うた》います。**言語《げんご》や文化《ぶんか》などが異《こと》なるインドの人《ひと》びとが団結意識《だんけついしき》をもつためだといわれています。観客《かんきゃく》が国歌《こっか》を歌《うた》った後《あと》に、ようやく映画《えいが》が上映《じょうえい》されます。

＼マメ知識《ちしき》／

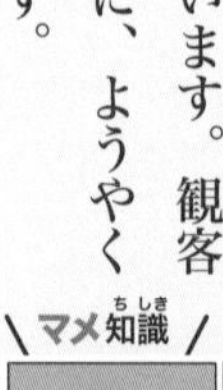

インドを流《なが》れているガンジス川《がわ》は、インドの人《ひと》びとの生活《せいかつ》と宗教《しゅうきょう》に欠《か》かせない川《かわ》です。国歌《こっか》にもその雄大《ゆうだい》さがうたわれています。

びっくり！

なぜそれしかつくらない!? モルディブの「すいか島《じま》」

インド洋《よう》にうかぶモルディブは、約《やく》1200の島《しま》が集《あつ》まってできています。このうち、約《やく》200の島《しま》に人《ひと》が住《す》んでいます。**島《しま》がとても小《ちい》さくて、島《しま》にはそれぞれ、「首都《しゅと》の島《しま》」「空港《くうこう》（飛行場《ひこうじょう》）の島《しま》」など、役割《やくわり》があります。**なかでも、いちばん多《おお》いのは美《うつく》しい自然《しぜん》を生《い》かした、「リゾートの島《しま》」。モルディブは観光《かんこう》に力《ちから》を入《い》れていて、100以上《いじょう》の島《しま》がリゾート用《よう》に開発《かいはつ》されています。そのほか、モルディブで出《で》るゴミをすべて集《あつ》めて処理《しょり》する「ゴミ処理《しょり》の島《しま》」や、すいかをつくるための「すいかの島《しま》」もあります。

マメ知識《ちしき》

モルディブは、観光業《かんこうぎょう》だけでなく漁業《ぎょぎょう》や水産業《すいさんぎょう》もさかんな国《くに》です。とくに、カツオが多《おお》く水《みず》あげされ、日本《にほん》にも輸出《ゆしゅつ》されています。

なんと！

暑《あつ》すぎて開園《かいえん》できない！ブルネイの遊園地《ゆうえんち》

ブルネイにある「ジュルドンパーク」は、東南《とうなん》アジア最大《さいだい》の遊園地《ゆうえんち》です。ブルネイの国王《こくおう》が、自分《じぶん》の誕生日《たんじょうび》を記念《きねん》して国《こく》民《みん》のためにつくりました。

広《ひろ》い敷地《しきち》には、ジェットコースター、ゴーカートなどがあり、パレードやコンサートがもよおされることもあります。

ただし、遊園地《ゆうえんち》に入園《にゅうえん》できるのは週《しゅう》に4日間《よっかかん》だけ。おまけに平日《へいじつ》は夕方《ゆうがた》からしか開《あ》いておらず、**週《しゅう》のほぼ半分《はんぶん》はしまっています。**ブルネイは1年《ねん》を通《とお》してとても暑《あつ》く、湿度《しつど》も高《たか》い地域《ちいき》のため、無理《むり》なくあそべる時間《じかん》だけ開園《かいえん》しているのです。

＼マメ知識《ちしき》／

ブルネイは熱帯《ねったい》にある国《くに》です。ブルネイのあるボルネオ島《とう》には、テングザルという貴重《きちょう》なサルがすんでいます。

びっくり！ ケニア名物《めいぶつ》「ラクダ図書館《としょかん》」って何《なに》？

ケニアの北東部《ほくとうぶ》にある町《まち》ガリッサには、移動図書館《いどうとしょかん》がやってきます。日本《にほん》の移動図書館《いどうとしょかん》は自動車《じどうしゃ》が本《ほん》を運《はこ》んできますが、**ここではラクダが運《はこ》んできます。ラクダは、砂《さ》ばくを歩《ある》くのも、重《おも》い荷物《にもつ》を運《はこ》ぶのも得意《とくい》です。**目的地《もくてきち》に着《つ》くと、シートの上《うえ》に本《ほん》を設置《せっち》して、青空図書館《あおぞらとしょかん》のできあがり！　ガリッサは、家畜《かちく》の世話《せわ》をするために、家《いえ》ごと移動《いどう》しながら生活《せいかつ》をする遊牧《ゆうぼく》民《みん》の人《ひと》たちが多《おお》くくらす地域《ちいき》です。街《まち》の図書館《としょかん》にあまり行《い》けない遊牧民《ゆうぼくみん》の人《ひと》たちにとって、ラクダの図書館《としょかん》は楽《たの》しみのひとつなのです。

マメ知識《ちしき》

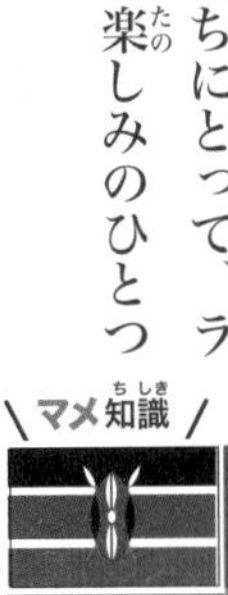

ケニアの牧畜《ぼくちく》をしている人《ひと》たちにとって、牛《うし》は大切《たいせつ》な財産《ざいさん》であり、結婚《けっこん》のときに男性《だんせい》がおくる結納《ゆいのう》のお金《かね》の代《か》わりになります。

びっくり！

ほってほって最大《さいだい》1000m！南《みなみ》アフリカ共和国《きょうわこく》、謎《なぞ》の穴《あな》ほり

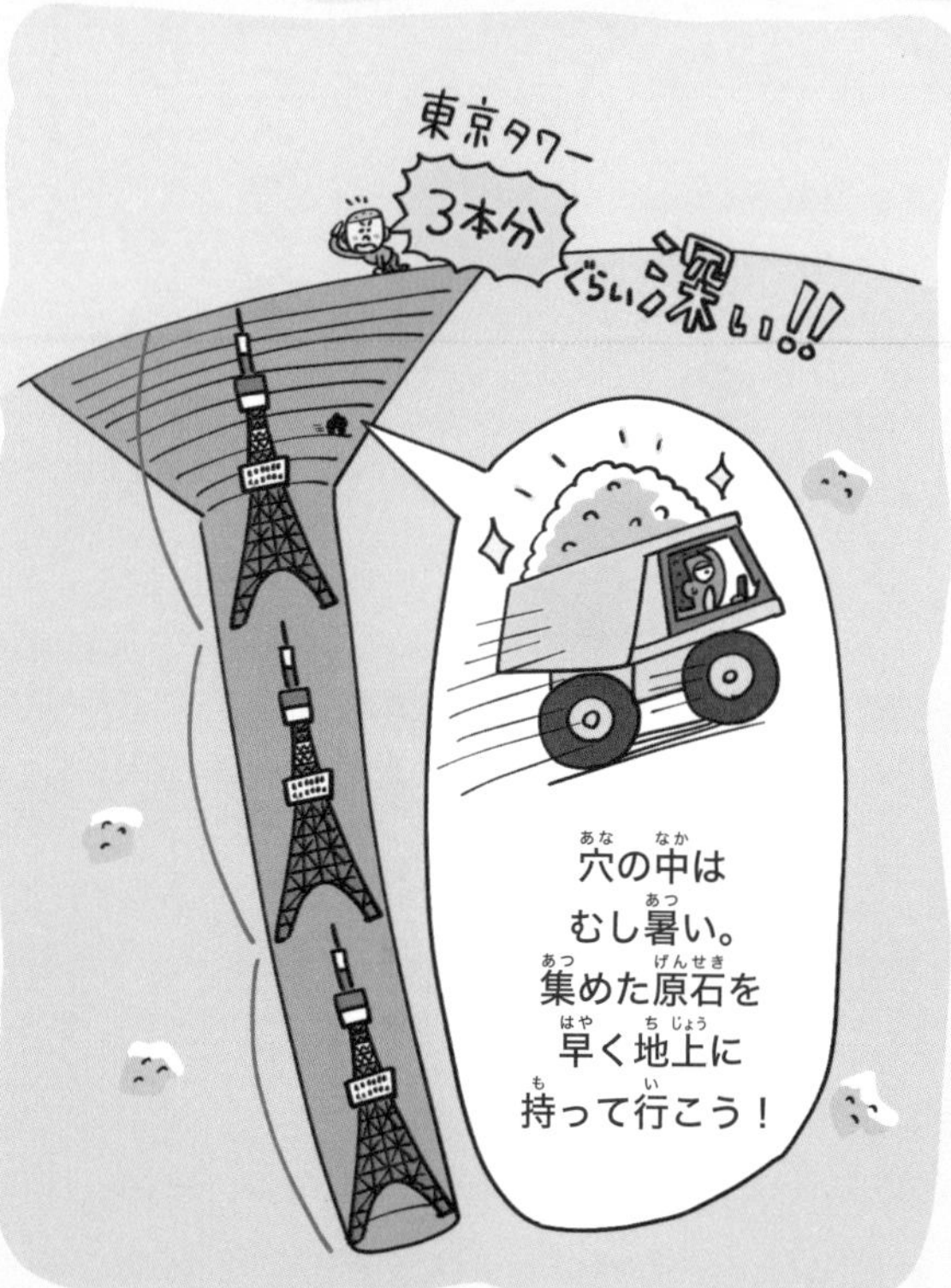

南《みなみ》アフリカ共和国《きょうわこく》は、世界有《せかいゆう》数《すう》のダイヤモンド産出国《さんしゅつこく》です。1867年《ねん》にダイヤモンドが発《はっ》見《けん》されて、採掘《さいくつ》が始《はじ》まりました。当時《とうじ》は、人力《じんりき》で穴《あな》をほり、ダイヤモンドをとっていました。キンバリーという町《まち》の近《ちか》くには、その人力《じんりき》で採掘《さいくつ》した穴《あな》が残《のこ》っています。その穴《あな》は、なんと40階建《かいだ》てのビル（約《やく》170m）よりも深《ふか》いのです。今《いま》は、機械《きかい》で採掘《さいくつ》されています。**最大《さいだい》で地下《ちか》1000mくらいまでほり**、ダイヤモンドがふくまれている鉱石《こうせき》をパイプなどを使《つか》って地上近《ちじょうちか》くまで集《あつ》めたら、ダンプカーで地上《ちじょう》に運《はこ》びます。

マメ知識《ちしき》

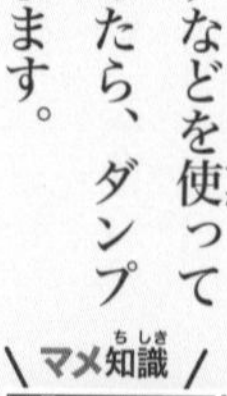

南《みなみ》アフリカ共和国《きょうわこく》では、ダイヤモンドのほかに金《きん》やプラチナなどの貴重《きちょう》な金属《きんぞく》もたくさんとれます。

スゴすぎ！ しゃがまないと買《か》えない!? ブルガリアのお店《みせ》

ブルガリアの首都《しゅと》ソフィアには、「クレックショップ」とよばれる店《みせ》があります。クレックとはブルガリア語《ご》で「スクワットする（しゃがむ）」という意味《いみ》です。日本《にほん》のコンビニエンストアのような店《みせ》ですが、変《か》わっているのは商品《しょうひん》の買《か》い方《かた》。クレックショップは、建物《たてもの》の地下《ちか》スペースを利用《りよう》したお店《みせ》です。路《ろ》上《じょう》に商品見本《しょうひんみほん》がならんでいて、客《きゃく》は商品《しょうひん》を選《えら》んだら足元《あしもと》の路面《ろめん》すれすれに開《あ》いた窓《まど》から、**地下《ちか》室《しつ》にいる店員《てんいん》にしゃがんで注文《ちゅうもん》します。**そして店員《てんいん》から商品《しょうひん》を受《う》けとるときも、**客《きゃく》はしゃがんだ状態《じょうたい》で品物《しなもの》を受《う》けとります。**

マメ知識《ちしき》

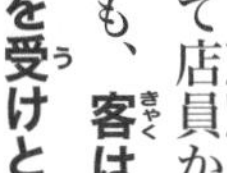

ブルガリアではレスリングが人気《にんき》のスポーツです。ブルガリアのレスリング選手《せんしゅ》が日本《にほん》の大《おお》ずもうで力士《りきし》として活《かつ》やくしたこともあります。

びっくり！

イギリスで大人気《だいにんき》！幽霊《ゆうれい》の出《で》るレストラン

イギリスの人《ひと》たちは、幽霊《ゆうれい》や怖《こわ》い話《はなし》が大好《だいす》き。歴史《れきし》のあるホテルやレストランには、かならずといっていいほど幽霊《ゆうれい》にまつわる話《はなし》があり、それを目当《めあ》てにお客《きゃく》さんがやってきます。幽霊《ゆうれい》に会《あ》うためのバスツアーがあるほどです。

さらに、イギリスでは幽霊《ゆうれい》が出《で》るといううわさのある家《いえ》に住《す》みたいと思《おも》う人《ひと》が多《おお》く、ふつうの家《いえ》より家《や》ちんが高《たか》くなることもあるのです。日本《にほん》では、幽霊《ゆうれい》が出《で》るなんてうわさがあったら住《す》みたいという人《ひと》はあまりいませんよね。

イギリスでは昔《むかし》の王様《おうさま》や、貴《き》

ほかの国《くに》では

どんなおばけがいる？

中国《ちゅうごく》では、動《うご》き回《まわ》る死体《したい》の妖怪《ようかい》「キョンシー」が有名《ゆうめい》だよ。ぴょんぴょんはねるように歩《ある》くというよ。

日本《にほん》の幽霊《ゆうれい》は、足《あし》がなくて白《しろ》い着物《きもの》を着《き》ているイメージが多《おお》いよ。午前《ごぜん》2時《じ》ごろに現《あらわ》れるともいわれているね。

キリスト教《きょう》が広《ひろ》まっている国《くに》では、悪魔《あくま》がおそれられているよ。災《わざわ》いをもたらし、人《ひと》を不幸《ふこう》にするんだ。

族《ぞく》や有名人《ゆうめいじん》が幽霊《ゆうれい》として語《かた》られることが多《おお》く、その人《ひと》たちにちなんだ物語《ものがたり》もたくさん語《かた》りつがれています。

イギリスで幽霊《ゆうれい》が大人気《だいにんき》なのは、もしかしたら幽霊《ゆうれい》たちのうらがわにある物語《ものがたり》に、心《こころ》をよせる人《ひと》がたくさんいるからかもしれませんね。

マメ知識《ちしき》

イギリスはイングランド、ウェールズ、スコットランド、北《きた》アイルランドの4つの地域《ちいき》からなる連合王国《れんごうおうこく》です。

ホントに？

ドイツのお店《みせ》では買《か》いもの中《ちゅう》に商品《しょうひん》の箱《はこ》を開《あ》けてもよい！

ドイツの多《おお》くのスーパーマーケットでは、たまごを紙《かみ》パックに入《い》れて売《う》っています。日本《にほん》でよく見《み》かけるとうめいのプラスチック容器《ようき》なら外《そと》から中身《なかみ》が見《み》えますが、紙《かみ》パックだと中《なか》を見《み》ることができません。そのため、お客《きゃく》さんの中《なか》には、**買《か》う前《まえ》なのにパックを開《あ》けて中《なか》をたしかめる人《ひと》がいます。**

日本《にほん》では買《か》う前《まえ》にパックを開《あ》けてはいけませんが、買《か》う前《まえ》に中身《なかみ》をたしかめるのは、ドイツでは必要《ひつよう》なことです。

ドイツでは、たまごの鮮度《せんど》を守《まも》るために、たまごのからをあらわずに売《う》っており、羽《はね》やよごれがついていることがあるからです。ほかにも、洗剤《せんざい》やシャンプーなどもふたを開《あ》けてにおいを確認《かくにん》してもよいのです。

また、イースターという春《はる》の祭《まつ》りのころには、赤《あか》や緑《みどり》などカラフルなたまごがならんでいます。これは、実《じつ》はゆでたまごで、着色《ちゃくしょく》されて生《なま》たまごと区別《くべつ》できます。

しっかり中身《なかみ》を確認《かくにん》した商品《しょうひん》はレジに持《も》っていきますが、ここにも日本《にほん》とのちがいがあります。レジはベルトコンベア式《しき》で、自分《じぶん》でベルトコンベアの上《うえ》に商《しょう》品《ひん》をならべ、店員《てんいん》さんに値札《ねふだ》をスキャンしてもらうのです。

ほかの国《くに》では／スゴすぎな買《か》いもの事情《じじょう》を知《し》りたい！

タイでは、小船《こぶね》に品物《しなもの》をのせて水上《すいじょう》で売《う》る水《すい》上《じょう》マーケットが開《ひら》かれているよ。地元《じもと》の人《ひと》にも観光客《かんこうきゃく》にも人気《にんき》なんだ。

アメリカでは、買《か》いものの量《りょう》が少《すく》ない（10品《ひん》目以下《もくいか》）人《ひと》が待《ま》たずに買《か》えるように専用《せんよう》のレジがあるよ。

マメ知識《ちしき》

ドイツは、酸性雨《さんせいう》の被害《ひがい》を受《う》けたことから、森《もり》を守《まも》るために排気《はいき》ガスをへらすなどの環境問題《かんきょうもんだい》への取《と》り組みをしています。

びっくり！

フランスでは夜中《よなか》に開《あ》いているお店《みせ》は激《げき》レア!?

昔《むかし》からフランスでは「日曜日《にちようび》はお祈《いの》り以外《いがい》は何《なに》もしてはならない日《ひ》」というキリスト教《きょう》の教《おし》えにしたがい、ほとんど労働《ろうどう》をしないことになっていました。また、**フランスの人《ひと》びとは夜《よる》は「休《やす》む時間《じかん》」と考《かんが》えている人《ひと》が多《おお》い**ため、日本《にほん》のような年中無《ねんじゅうむ》休《きゅう》で夜中《よなか》も開《あ》いているコンビニエンスストアのような店《みせ》はありませんでした。

近年《きんねん》、法律《ほうりつ》が変《か》わって、日曜《にちよう》日《び》や夜《よる》の仕事《しごと》がみとめられるようになりました。しかしフランスでは、まだ昔《むかし》ながらの休《やす》みの考《かんが》え方《かた》が人《ひと》びとのあいだで大切《たいせつ》にされているようです。

マメ知識《ちしき》

カフェやオムレツ、メトロなどはフランス語《ご》が日本語《にほんご》に定着《ていちゃく》した言葉《ことば》です。

ホントに⁉

アメリカで親切《しんせつ》にされるとお金《かね》をはらう!?

アメリカでは、店員《てんいん》さんに親《しん》切《せつ》にしてもらうと、**「チップ」とよばれる数百円《すうひゃくえん》ほどのお金《かね》を手《て》わたす文化《ぶんか》があります。**たとえば、レストランで料理《りょうり》を出《だ》すウェイターや、ホテルで荷物《にもつ》を運《はこ》ぶホテルマンは、客《きゃく》が楽《たの》しめるように気《き》にかけてくれます。その心《こころ》づかいに、チップをはらうのです。気持《きも》ちのよいサービスをすると、たくさんチップをもらえるので、はたらく人《ひと》のはげみにもなります。

チップ文化《ぶんか》のない日本《にほん》では親《しん》切《せつ》にするのがふつうなので、アメリカからきた人《ひと》は日本《にほん》の店員《てんいん》さんの心《こころ》づかいに喜《よろこ》ぶそうです。

マメ知識《ちしき》

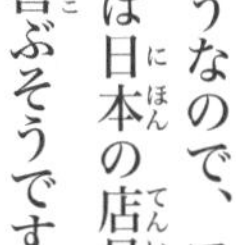

アメリカの国旗《こっき》は星条旗《せいじょうき》とよばれ、13本《ほん》のしまは独立《どくりつ》したときの州《しゅう》の数《かず》、50この星《ほし》は現在《げんざい》の州《しゅう》の数《かず》を表《あらわ》しています。

世界《せかい》スゴすぎ調査隊《ちょうさたい》!! お金《かね》編《へん》

お金《かね》は、国《くに》ごとに発行《はっこう》しているため、見《み》た目《め》もそれぞれちがうんだ。
世界《せかい》のお金《かね》について調査《ちょうさ》したよ。

ギモン 日本《にほん》のお金《かね》は丸《まる》い硬貨《こうか》と、紙《かみ》のお札《さつ》だけど
世界《せかい》にはどんな形《かたち》のものがあるの？

バヌアツ 調査《ちょうさ》NO《ナンバー》1

バヌアツではブタがとても大切《たいせつ》にされていて、ブタのキバがお金《かね》のように使《つか》われているんだ。きれいなうず巻《ま》きの形《かたち》をしているほど価値《かち》が高《たか》いとされているよ。

調査《ちょうさ》NO《ナンバー》3 バハマ

カリブ海《かい》の島国《しまぐに》、バハマには花《はな》のような形《かたち》をした硬貨《こうか》があるよ。えがかれているのはイワシで、バハマの人《ひと》にとってなじみ深《ぶか》い魚《さかな》なんだ。

タンザニア 調査《ちょうさ》NO《ナンバー》2

タンザニアのお札《さつ》には、ライオンやクロサイ、アフリカゾウのようなタンザニアに生息《せいそく》する野生動物《やせいどうぶつ》がえがかれているよ。

中国《ちゅうごく》 調査《ちょうさ》NO《ナンバー》4

中国《ちゅうごく》では亡《な》くなった人《ひと》があの世《よ》で使《つか》うためのお札《さつ》がお店《みせ》で売《う》られているよ。先祖《せんぞ》の霊《れい》があの世《よ》でお金《かね》にこまらないように、お墓《はか》にお供《そな》えするんだ。

調査《ちょうさ》NO《ナンバー》5 スイス

スイスのお札《さつ》は絵《え》がらが、たて向《む》きにえがかれているよ。

さらに、にせ札《さつ》がつくられることを防《ふせ》ぐために、特《とく》しゅなインクで印刷《いんさつ》するなどの工夫《くふう》がされているんだ。

調査《ちょうさ》NO《ナンバー》6 ミクロネシア

太平洋《たいへいよう》の島国《しまぐに》、ミクロネシアのヤップ島《とう》では今《いま》でも丸《まる》い石《いし》のお金《かね》を使《つか》っているよ。直径《ちょっけい》3m、重《おも》さは3tにもなる石貨《せっか》もあり、大《おお》きくて、美《うつく》しくみがかれ、名前《なまえ》のついたものほど価値《かち》があるといわれているんだ。

ホントに⁉

手紙《てがみ》が届《とど》くまで40年《ねん》かかった エクアドルの謎《なぞ》のポスト

ガラパゴス諸島《しょとう》は、エクアドルの本土《ほんど》からおよそ１０００㎞はなれた海《うみ》にうかぶ島《しま》じまです。そのひとつ、フロレアナ島《とう》には、**郵便局員《ゆうびんきょくいん》が手紙《てがみ》を回収《かいしゅう》しにこないポストがあります。**

このふしぎなポストは、今《いま》から２００〜３００年《ねん》ほど前《まえ》に、この島《しま》に立《た》ちよった船乗《ふなの》りが設《せっ》置《ち》したのが始《はじ》まりといわれています。手紙《てがみ》を入《い》れておくと、別《べつ》の船乗《ふなの》りがきたときにポストをたしかめて、もし自分《じぶん》の国《くに》あての手紙《てがみ》があれば、持《も》ち帰《かえ》り届《とど》けてあげました。手紙《てがみ》はいつ届《とど》くかわかりませんし、きちんと届《とど》くかどうかも定《さだ》かではありませ

ん。30〜40年《ねん》かかって手紙《てがみ》が届《とど》くこともあったといいます。今《いま》もこの風習《ふうしゅう》が観光客《かんこうきゃく》に受《う》けつがれています。たとえば日本《にほん》人《じん》が出《だ》した手紙《てがみ》は、別《べつ》の日本人《にほんじん》が持《も》ち帰《かえ》り日本《にほん》のポストに入《い》れます。

何年《なんねん》か後《あと》に届《とど》いた手紙《てがみ》にロマンを感《かん》じる人《ひと》も多《おお》いようです。

お国《くに》自《じ》まん

自然《しぜん》の宝庫《ほうこ》 ガラパゴス諸島《しょとう》

ガラパゴス諸島《しょとう》はこれまで大陸《たいりく》と陸続《りくつづ》きになったことがない火山島《かざんとう》で、島《しま》の中《なか》で独自《どくじ》に進化《しんか》した、めずらしい動植《どうしょく》物《ぶつ》がたくさん見《み》られるよ。とくに、ガラパゴスゾウガメや、ウミイグアナなどが有名《ゆうめい》だよ。ダーウィンが「進化《しんか》論《ろん》」を考《かんが》えついたきっかけとなった島《しま》としても知《し》られているんだ。1978年《ねん》に世界自然《せかいしぜん》遺産《いさん》の第《だい》1号《ごう》として登録《とうろく》されたよ！

ガラパゴスゾウガメ

マメ知識《ちしき》

エクアドルは赤道直下《せきどうちょっか》にある、石油資源《せきゆしげん》の豊《ゆた》かな国《くに》です。
エクアドルとはスペイン語《ご》で赤道《せきどう》という意味《いみ》です。

なんと！

海《うみ》の底《そこ》にある！ グレナダの美術館《びじゅつかん》

グレナダはカリブ海《かい》にある小《ちい》さな島国《しまぐに》です。

白《しろ》い砂浜《すなはま》とエメラルド色《いろ》の海《うみ》で世界《せかい》でも有名《ゆうめい》な国《くに》ですが、その美《うつく》しい海《うみ》の中《なか》にひとりの芸術《げいじゅつ》家《か》がつくった**世界初《せかいはつ》の海底美術《かいていびじゅつ》館《かん》があります。**

海底《かいてい》におかれているのは、島《しま》の住民《じゅうみん》をモデルとした彫刻作品《ちょうこくさくひん》の数《かず》かず。そのまわりを色《いろ》とりどりの魚《さかな》たちがゆうゆうと泳《およ》ぎ、なんとも美《うつく》しく神秘的《しんぴてき》なふんいきがただよっています。

この彫刻作品《ちょうこくさくひん》、実《じつ》は、芸術《げいじゅつ》として大切《たいせつ》にされているだけではありません。サンゴが育《そだ》つための土台《どだい》になったり、彫刻《ちょうこく》につい

た海草《かいそう》を食《た》べるために集《あつ》まってくる魚《さかな》のすみかになったりと、海《うみ》の環境《かんきょう》を保護《ほご》するためにも役《やく》立《だ》っているのです。

観光客《かんこうきゃく》は、ダイビングやシュノーケリングで海中散歩《かいちゅうさんぽ》をしながら、彫刻《ちょうこく》の鑑賞《かんしょう》と、美《うつく》しいグレナダの海《うみ》を同時《どうじ》に楽《たの》しむことができるのです。

ほかの国《くに》では どんな博物館《はくぶつかん》があるの？

クロアチアには、失《しつ》恋《れん》をテーマにした、失恋博物館《しつれんはくぶつかん》があるよ。出《だ》せなかったラブレターなど、別《わか》れた人《ひと》との思《おも》い出《で》の品《しな》が展示《てんじ》されているんだよ。

マレーシアの町《まち》クチンにはネコグッズを集《あつ》めたネコ博物館《はくぶつかん》があるよ。クチンはマレー語《ご》で「ネコ」という意味《いみ》なんだ。

メキシコのグアナファトには、ミイラ博物館《はくぶつかん》があるよ。およそ1000体《たい》ものミイラが展示《てんじ》されているんだ。

マメ知識《ちしき》

グレナダはスパイスの生産《せいさん》がさかんな国《くに》です。とくに、肉料理《にくりょうり》などに使《つか》われるナツメグというスパイスが多《おお》くつくられています。

スゴすぎ！

メキシコで売《う》られている「魔女《まじょ》の紙《かみ》」って何《なに》？

メキシコには、イチジクの木《き》の皮《かわ》のせんいからつくる「アマテ」という紙《かみ》があります。この紙《かみ》は、メキシコで2000年《ねん》以《い》上前《じょうまえ》からつくられています。イチジクの木《き》の皮《かわ》のせんいを水《みず》につけてやわらかくし、石《いし》でたたいて広《ひろ》げてうすく伸《の》ばして紙《かみ》にするのです。

昔《むかし》、うらないや、まじないをする人《ひと》（シャーマン）が儀式《ぎしき》を行《おこな》うときにこの紙《かみ》を使《つか》ったため、呪術的《じゅじゅつてき》な力《ちから》があると信《しん》じられ、「魔女《まじょ》の紙《かみ》」とよばれていました。アマテは、メキシコ全《ぜん》土《ど》でつくられていて、**ときには国《くに》に年貢《ねんぐ》としておさめられるほど貴重《きちょう》な紙《かみ》でした。**

しかし、今《いま》から約《やく》500年前《ねんまえ》に、スペイン帝国《ていこく》がメキシコを支配《しはい》したことで、伝統的《でんとうてき》な儀式《ぎしき》や習慣《しゅうかん》を禁止《きんし》してしまいました。アマテもつくることを禁止《きんし》されてしまい、スペイン帝国《ていこく》が持《も》ちこんだヨーロッパの紙《かみ》を使《つか》うことを強制《きょうせい》されたのです。しかし、都市《とし》からはなれた地《ち》では、ひそかにアマテづくりが続《つづ》けられていました。

今《いま》でもメキシコの先住民《せんじゅうみん》オトミ族《ぞく》の手《て》によって、昔《むかし》ながらの方法《ほうほう》でつくられているアマテは、おみやげとしてもとても人《にん》気《き》があります。

ほかの国《くに》では／どんな魔女《まじょ》がいるの？

◀ ボリビアには、「魔女通《まじょどお》り」とよばれる通《とお》りがあって、リャマという動物《どうぶつ》のミイラや薬草《やくそう》など、まじないに使《つか》うグッズが売《う》られているよ。

◀ ルーマニアでは、職業《しょくぎょう》として魔女《まじょ》がみとめられているよ。最近《さいきん》では、オンラインでうらないをしたり、まじないをかけたりすることもあるよ。

＼マメ知識《ちしき》／

メキシコ料理《りょうり》は、世界無形文化遺産《せかいむけいぶんかいさん》に登録《とうろく》されています。トウモロコシの粉《こな》でつくるトルティーヤやアボカドを使《つか》った料理《りょうり》が有名《ゆうめい》です。

ホントに!?

ナウルの新聞《しんぶん》は月《つき》にたった1回《かい》発行《はっこう》！

南太平洋《みなみたいへいよう》にあるナウルは、人口約《じんこうやく》1万人《まんにん》の小《ちい》さな島国《しまぐに》です。肥料《ひりょう》や金属《きんぞく》の加工《かこう》に使《つか》われるリン鉱石《こうせき》の採掘《さいくつ》で豊《ゆた》かだったため、**かつて島民《とうみん》は税金《ぜいきん》や学費《がくひ》などが無料《むりょう》で、仕事《しごと》をしなくてもくらせました。**しかしリン鉱石《こうせき》がとれない今《いま》は、外国《がいこく》からお金《かね》の援助《えんじょ》を受《う》けています。そのせいか、国民《こくみん》の90パーセントははたらいたことがありません。

そんなのんびりしたナウルでは、新聞《しんぶん》が発行《はっこう》されるのは月《つき》に1回《かい》。新聞《しんぶん》には、島民《とうみん》の誕生日《たんじょうび》や結婚式《けっこんしき》、赤《あか》ちゃんが生《う》まれたことなど、島《しま》のできごとが島民《とうみん》の顔写真《かおじゃしん》つきでのっています。

マメ知識《ちしき》

ナウルは、アホウドリなどの海鳥《うみどり》のふんが長《なが》いあいだにサンゴしょうに積《つ》もってできた島《しま》です。

日本《にほん》のびっくりギョー天《てん》！ お店《みせ》・仕事《しごと》編《へん》

世界《せかい》の人《ひと》たちにびっくりした日本《にほん》のお店《みせ》や仕事《しごと》について聞《き》いてみたよ！

食《た》べ放題《ほうだい》サイコー！

焼肉《やきにく》の食《た》べ放題《ほうだい》なんてわたしの国《くに》にはないよ。すばらしいサービスだね！

焼肉《やきにく》の食《た》べ放題《ほうだい》って日本《にほん》ならではの文化《ぶんか》なんだね。

お水《みず》がタダ!?

お水《みず》がタダなんてすごい！フランスでは1ぱい300円《えん》くらいするんだよ！

あたり前《まえ》のことだと思《おも》っていたよ。これからは感謝《かんしゃ》しよう。

まじめにはたらいているけど

日本《にほん》の人《ひと》は少《すこ》しがんばりすぎだね。休《やす》む時間《じかん》はあるのかな？

今《いま》は、あまりはたらきすぎないように、法律《ほうりつ》で決《き》められているんだよ。

ヒャッキンは超《ちょう》お得《とく》だね！

100円《えん》でいろいろ買《か》えちゃうなんてすごい。漢字《かんじ》グッズがお気《き》に入《い》りだよ！

100円均一店《えんきんいつてん》って便利《べんり》だよね。漢字《かんじ》のグッズが人気《にんき》なんだね。

する国《くに》

3章《しょう》

世界《せかい》の学校《がっこう》・生活《せいかつ》

学校《がっこう》に通《かよ》う方法《ほうほう》や授業《じゅぎょう》の内容《ないよう》、夏休《なつやす》みの長《なが》さなど、日本《にほん》の学校《がっこう》と世界《せかい》の学校《がっこう》とでちがうところがたくさんあるよ。どこがちがうのかな？

3章《しょう》で紹《しょう》介《かい》

Q.何《なん》の授業《じゅぎょう》かな？

75ページをチェック！

Q.何《なん》の授業《じゅぎょう》かな？

84ページをチェック！

イスラエルの学校《がっこう》のびっくりルールとは？

ホントに？

イスラエルの学校《がっこう》は日曜日《にちようび》からスタート！

日本《にほん》やアメリカ、ヨーロッパなど多《おお》くの国《くに》の休日《きゅうじつ》は、日曜日《にちようび》です。でも、世界《せかい》には日曜日《にちようび》が平日《へいじつ》の国《くに》もあります。

人口《じんこう》の約《やく》75パーセントがユダヤ教徒《きょうと》のイスラエルでは、金曜《きんよう》日《び》の日《ひ》の入《い》りから土曜日《どようび》の日《ひ》の入《い》りのあいだを「安息日《あんそくび》」といい、はたらいてはいけない日《ひ》とされています。この日《ひ》は学校《がっこう》はもちろん、ほとんどのお店《みせ》が休《やす》みで、電車《でんしゃ》やバスも動《うご》きません。

「安息日《あんそくび》」は、ユダヤ教《きょう》で定《さだ》められた休日《きゅうじつ》で、料理《りょうり》やそうじ、車《くるま》の運転《うんてん》、勉強《べんきょう》や宿題《しゅくだい》をすることも「はたらくこと」とされるため禁止《きんし》です。さらに、移動《いどう》をすることや、電気《でんき》を使《つか》うこともはたらくことと考《かんが》えられています。そのため、エレベーターのスイッチをおすこともしませんし、暗《くら》いときはろうそくの灯《あか》りを使《つか》います。

安息日《あんそくび》には、家族《かぞく》や親《しん》せきが集《あつ》まり、用意《ようい》しておいたものを食《た》べ、シナゴーグとよばれる教《きょう》会《かい》へお祈《いの》りをしに行《い》くなどしてゆっくりすごします。

そして、**安息日《あんそくび》が明《あ》けた日曜《にちよう》日《び》が1週間《しゅうかん》の始《はじ》まりの日《ひ》。**日本《にほん》の月曜日《げつようび》のように、学校《がっこう》や会社《かいしゃ》へ通《かよ》うのです。

【注《ちゅう》】この話《はなし》の中《なか》では、パレスチナ自治《じち》区《く》をふくめていません。

ほかの国《くに》では／放課後《ほうかご》、何《なに》をしているの？

◀ スペインでは、学校《がっこう》から帰《かえ》ったらお手伝《てつだ》いをするよ。2014年《ねん》にできた法律《ほうりつ》で、「子《こ》どもは宿《しゅく》題《だい》と手伝《てつだ》いをして、両親《りょうしん》を尊敬《そんけい》しなければいけない」と決《き》められているんだ。

◀ ウガンダでは、学校《がっこう》から帰《かえ》ったら遠《とお》くまで歩《ある》いて水《みず》くみに行《い》くことや、そうじに料理《りょうり》、弟《おとうと》や妹《いもうと》の世話《せわ》などたくさんお手伝《てつだ》いをするよ。

マメ知識《ちしき》

ユダヤ教《きょう》では、「牛《うし》や羊《ひつじ》、シカは食《た》べてもよいが、それ以外《いがい》の動物《どうぶつ》の肉《にく》は食《た》べてはいけない」など食事《しょくじ》のルールが決《き》められています。

スゴすぎ！

毎日《まいにち》がファッションショー タイの制服《せいふく》のひみつ

タイで「何曜日《なんようび》生《う》まれ？」と聞《き》くと、多《おお》くの人《ひと》は自分《じぶん》の生《う》まれた曜日《ようび》をこたえられます。タイの人《ひと》びとは生《う》まれた曜日《ようび》を大《たい》切《せつ》にしていて、結婚式《けっこんしき》や家《いえ》を建《た》てるときなど、大切《たいせつ》な行事《ぎょうじ》の日《ひ》どりも生《う》まれた曜日《ようび》にあわせて決《き》めます。曜日《ようび》にはそれぞれ守《まも》り神《がみ》がいて、ラッキーカラーも決《き》まっています。曜日《ようび》にちなんだ色《いろ》のものを持《も》っていると幸《しあわ》せになれると信《しん》じています。

そんなタイの一部《いちぶ》の学校《がっこう》では、曜日《ようび》ごとに何種類《なんしゅるい》か色《いろ》のちがう制服《せいふく》があって、**毎日《まいにち》、曜日《ようび》にちなんだ色《いろ》の制服《せいふく》を着《き》るところもあるのです。**

マメ知識《ちしき》

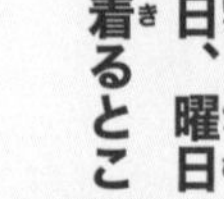

タイでは仏教《ぶっきょう》を信仰《しんこう》する人《ひと》が多《おお》く、国内《こくない》にあるワットとよばれる寺《てら》の数《かず》は2万《まん》5000以上《いじょう》にもなります。

いいなぁ！ フィリピンの小学生《しょうがくせい》は表彰《ひょうしょう》されまくり!?

フィリピンでは、地域《ちいき》によってちがいがあるものの、子《こ》どもたちが、当番制《とうばんせい》で朝《あさ》と放課後《ほうかご》に学校《がっこう》のそうじをします。フィリピン特産《とくさん》のココヤシの葉《は》でできたほうきを使《つか》ってそうじをするので、ゆかはピカピカです。きれいになったかどうかを先生《せんせい》が評価《ひょうか》し、優秀《ゆうしゅう》なクラスには表彰《ひょうしょう》状《じょう》がおくられます。

また、フィリピンの学校《がっこう》では、そうじ以外《いがい》にも、さまざまなことで子《こ》どもたちを表彰《ひょうしょう》します。**成績優秀《せいせきゆうしゅう》な人《ひと》だけでなく、「もっともやさしかった人《ひと》」「もっとも歌《うた》がうまかった人《ひと》」などが表彰《ひょうしょう》されます。**

マメ知識《ちしき》

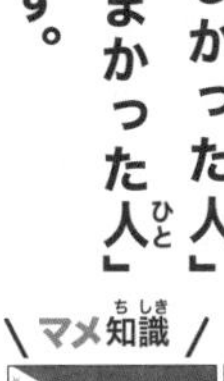

フィリピンは、7000以上《いじょう》の島《しま》にさまざまな民族《みんぞく》が住《す》む国《くに》です。国民《こくみん》の90パーセント以上《いじょう》がキリスト教徒《きょうと》です。

びっくり!

モンゴルの学校《がっこう》では週末《しゅうまつ》にしか家《いえ》に帰《かえ》れない!?

モンゴルの草原地帯《そうげんちたい》には、羊《ひつじ》やヤギ、馬《うま》や牛《うし》などの動物《どうぶつ》を飼《か》うために、**住《す》む場所《ばしょ》を変《か》えながら生活《せいかつ》をする遊牧民《ゆうぼくみん》がいます。**家畜《かちく》たちのエサの草《くさ》がなくならないように、大草原《だいそうげん》を移動《いどう》するのです。学校《がっこう》が町《まち》にあることも多《おお》いため、バスがないところでは、何《なん》kmもの道《みち》のりを歩《ある》いて通《かよ》う子《こ》や、馬《うま》に乗《の》って通《かよ》う子《こ》もいます。遊牧民《ゆうぼくみん》の中《なか》には、**月曜日《げつようび》に登校《とうこう》したら、金曜日《きんようび》まで家《いえ》に帰《かえ》らない子《こ》もいます。**子《こ》どもたちは、町《まち》の学校《がっこう》の近《ちか》くにある寄《き》宿舎《しゅくしゃ》で生活《せいかつ》しながら学校《がっこう》に通《かよ》い、学校《がっこう》が休《やす》みになったら家族《かぞく》のもとに帰《かえ》ります。

＼マメ知識《ちしき》／

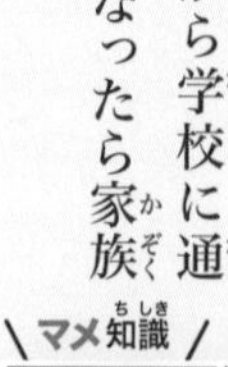

モンゴルの遊牧民《ゆうぼくみん》たちは、すぐに移動《いどう》できるよう小《ちい》さくたためる骨組《ほねぐ》みを、フェルトでおおってつくる「ゲル」という家《いえ》でくらしています。

なんと！

円盤《えんばん》投《な》げの授業《じゅぎょう》がある コンゴ民主共和国《みんしゅきょうわこく》の学校《がっこう》

アフリカ大陸中部《たいりくちゅうぶ》にあるコンゴ民主共和国《みんしゅきょうわこく》は、豊《ゆた》かな自然《しぜん》にめぐまれた国《くに》。しかし、長《なが》いあいだ民族間《みんぞくかん》の争《あらそ》いがたえず、不《ふ》安定《あんてい》な国《くに》でもあります。

そんなコンゴに**日本人《にほんじん》が広《ひろ》めたスポーツが、「アルティメット」といわれる円盤《えんばん》（フライングディスク）投《な》げです。**円盤《えんばん》を使《つか》い、7人《にん》ずつの2チームできそいます。審判《しんぱん》がおらず、反《はん》そくは選手《せんしゅ》どうしで注意《ちゅうい》し、ルールを守《まも》って戦《たたか》うフェアプレーの競技《きょうぎ》です。このフェアプレーの精神《せいしん》が、平和《へいわ》な国《くに》にするために大切《たいせつ》だとみとめられ、学校《がっこう》の授業《じゅぎょう》にとり入《い》れられるようになりました。

マメ知識《ちしき》

国内《こくない》には多《おお》くの国立公園《こくりつこうえん》があり、中《なか》でも世界遺産《せかいいさん》に登録《とうろく》されているヴィルンガ国立公園《こくりつこうえん》は絶滅危惧種《ぜつめつきぐしゅ》のマウンテンゴリラの生息地《せいそくち》です。

世界《せかい》スゴすぎ調査隊《ちょうさたい》!! 学校編《がっこうへん》

学校《がっこう》のしくみや授業《じゅぎょう》の受《う》け方《かた》は国《くに》によってさまざまだよ。
ここでは世界《せかい》の学校制度《がっこうせいど》を調査《ちょうさ》したよ！

ギモン 日本《にほん》とはちがう世界《せかい》の学校《がっこう》のおもしろいルールを教《おし》えて！

調査《ちょうさ》NO《ナンバー》1 ドイツ

ドイツの学校《がっこう》では生徒《せいと》は職員室《しょくいんしつ》に入《はい》ってはいけないんだ。職員室《しょくいんしつ》は先生《せんせい》たちがくつろいで、大事《だいじ》な会議《かいぎ》をする場所《ばしょ》だからだよ。先生《せんせい》に用《よう》があるときは、チャイムを鳴《な》らして先生《せんせい》に出《で》てきてもらうよ。

ベトナム 調査《ちょうさ》NO《ナンバー》2

ベトナムの学校《がっこう》ではチャイムの代《か》わりにたいこを鳴《な》らすよ。校庭《こうてい》やろうかにたいこがおいてあって、係《かかり》の先生《せんせい》がたいこをたたくと、学校中《がっこうじゅう》に音《おと》が聞《き》こえるんだ。

調《ちょう》査《さ》NO《ナンバー》3

オーストラリア

オーストラリアでは、近《ちか》くの学《がっ》校《こう》まで車《くるま》でも通《かよ》えないほどはなれているところに住《す》む子《こ》どももいるんだ。こうした子《こ》どもはインターネットで授業《じゅぎょう》を受《う》けることができるよ。だれでも平等《びょうどう》に教育《きょういく》を受《う》けられるようにつくられたしくみなんだよ。

調《ちょう》査《さ》NO《ナンバー》4

アラブ首長国連邦《しゅちょうこくれんほう》

多《おお》くの人《ひと》がイスラム教徒《きょうと》であるアラブ首長国連邦《しゅちょうこくれんぽう》では、イスラム教《きょう》の教《おし》えにしたがって、小学校《しょうがっこう》のころから男女《だんじょ》がそれぞれ別《べつ》の学校《がっこう》に通《かよ》うんだ。

調《ちょう》査《さ》NO《ナンバー》5

アメリカ

アメリカでは、小学生《しょうがくせい》でも成績《せいせき》が悪《わる》いと留年《りゅうねん》してしまうことがあるよ。反対《はんたい》に、成績《せいせき》がよいと、年《ねん》齢《れい》に関係《かんけい》なく上《うえ》の学年《がくねん》に進《すす》むこともできるんだ。

びっくり！

ゾウやキリンがいる危険《きけん》なケニアの通学路《つうがくろ》！

アフリカでは、子《こ》どもの人数《にんずう》にたいして学校《がっこう》の数《かず》が足《た》りず、地方《ちほう》に住《す》む子《こ》どもの多《おお》くが学校《がっこう》に通《かよ》えないか、長《なが》い道《みち》のりを何《なん》時間《じかん》もかけて通学《つうがく》しています。

アフリカにあるケニアでは、子《こ》どもの多《おお》くが徒歩《とほ》やバスで通《つう》学《がく》しますが、キリンやゾウなどの**野生動物《やせいどうぶつ》がくらすサバンナを通学路《つうがくろ》にしている子《こ》どももいます。**野生動物《やせいどうぶつ》は、動物園《どうぶつえん》の動物《どうぶつ》とちがい、どうもうで足《あし》が速《はや》く、子《こ》どもがおそわれて死《し》ぬこともあります。野生動物《やせいどうぶつ》にあわないように毎日《まいにち》10㎞以上《いじょう》の道《みち》のりを、走《はし》って登校《とうこう》する子《こ》もいるのです。

マメ知識《ちしき》

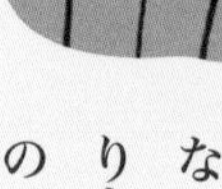

ケニアにあるツァボ国立公園《こくりつこうえん》は四国《しこく》の２倍《ばい》ほどの面積《めんせき》があり、ライオンやアフリカゾウなどの野生動物《やせいどうぶつ》が生息《せいそく》しています。

ホントに!? オランダのほとんどの小学生《しょうがくせい》は50m泳《およ》げる!

国土《こくど》の4分《ぶん》の1が海面《かいめん》より低《ひく》いオランダは、運河《うんが》が発達《はったつ》しています。けれども、街中《まちなか》の運河《うんが》には、落《お》ちないようにするためのさくがあまりありません。なぜなら、オランダの人《ひと》たちは、落《お》ちても泳《およ》げるようにしておけばよいと考《かんが》えるからです。

そのため、オランダの子《こ》どもは4〜5歳《さい》になると水泳教室《すいえいきょうしつ》に通《かよ》い、**「ディプロマ」という水泳《すいえい》の国家資格《こっかしかく》をとります。**この資格《しかく》がないと、プールで両《りょう》うでにうき輪《わ》をつけなければいけない決《き》まりがあるため、試験《しけん》のときは家族《かぞく》の応援《おうえん》を受《う》けて、資格《しかく》をとろうとがんばるのです。

マメ知識《ちしき》

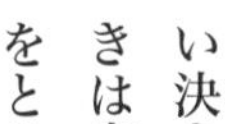

川《かわ》の多《おお》いオランダでは、船《ふね》の上《うえ》でくらす人《ひと》がいるため、船《ふね》にも住所《じゅうしょ》が割《わ》りあてられています。

いいなぁ！

自分《じぶん》の意見《いけん》をいえるのが大切《たいせつ》デンマークの小学校《しょうがっこう》

北《きた》ヨーロッパに位置《いち》するデンマークの小学校《しょうがっこう》では、テストの点数《てんすう》がよくても、悪《わる》くても、それによって児童《じどう》に成績《せいせき》をつけることはしません。テストの成績《せいせき》ではなく、**自分《じぶん》の意見《いけん》をいえること、自分《じぶん》の好《す》きなことを見《み》つけることが大切《たいせつ》と考《かんが》えられています。**なので、テストをしてもその科目《かもく》の内容《ないよう》がわかっているかどうかを見《み》るだけで、ほかの児童《じどう》とはくらべません。高校《こうこう》や大学《だいがく》ではテストが行《おこな》われ、きびしい競争《きょうそう》が待《ま》っています。だから、小学校《しょうがっこう》のうちは、テストをしなくてもよい決《き》まりなのです。

マメ知識《ちしき》

昔《むかし》、子《こ》どもたちがじゃがいもの収穫《しゅうかく》を手伝《てつだ》ったことから、デンマークでは10月《がつ》に「じゃがいも休《やす》み」という秋休《あきやす》みがあります。

なんと！

フランスの小学生《しょうがくせい》はマイ黒板《こくばん》を持《も》っている！

フランスの小学校《しょうがっこう》では、新学《しんがく》年《ねん》が始《はじ》まる9月《がつ》に1年間《ねんかん》で使《つか》う道具《どうぐ》を用意《ようい》します。なかでも、日本《にほん》ではあまり見《み》かけない道具《どうぐ》が、ノートほどの小《ち》さな「マイ黒板《こくばん》（アルドワーズ）」です。以前《いぜん》は小《ち》さな本物《ほんもの》の黒板《こくばん》でしたが、今《いま》はホワイトボードです。算数《さんすう》の時間《じかん》などで使《つか》うことが多《おお》く、**問題《もんだい》のこたえをみんなが書《か》いていっせいにマイ黒板《こくばん》を頭《あたま》の上《うえ》に上《あ》げるので、**先生《せんせい》は生徒《せいと》のこたえがひと目《め》でわかります。

マイ黒板《こくばん》を使《つか》う授業《じゅぎょう》の歴史《れきし》は古《ふる》く、フランスの小学校《しょうがっこう》では、100年以上前《ねんいじょうまえ》から続《つづ》けられてきました。

マメ知識《ちしき》

フランスの学校《がっこう》では毎年《まいとし》10月《がつ》に、フランス料理《りょうり》のシェフからさまざまな食材《しょくざい》の味《あじ》やおいしい料理方法《りょうりほうほう》などについて習《なら》う授業《じゅぎょう》が行《おこな》われます。

びっくり！

夏休《なつやす》み3か月《げつ》、宿題《しゅくだい》なし！ラトビアってどんな国《くに》？

北《きた》ヨーロッパにあるラトビアの冬《ふゆ》は寒《さむ》く、マイナス20度《ど》以下《いか》になる日《ひ》もあります。太陽《たいよう》は朝《あさ》9時《じ》ごろになるまでのぼらないので、8時《じ》から授業《じゅぎょう》が始《はじ》まる学《がっ》校《こう》へ、まっ暗《くら》なうちに登校《とうこう》します。夕方《ゆうがた》も4時《じ》ごろには日《ひ》がしずみます。空《そら》はどんよりしていて、子《こ》どもたちも元気《げんき》がなくなるほどです。

しかし夏《なつ》がくると、太陽《たいよう》が出《で》ている時間《じかん》が長《なが》くなり、夜《よる》の11時《じ》になっても明《あか》るい日《ひ》が続《つづ》きます。そんな夏《なつ》の太陽《たいよう》をたっぷりあびて元気《げんき》をとりもどすためか、ラトビアの学校《がっこう》の夏休《なつやす》みは、6～8月《がつ》の3か月間《げつかん》もあり

ほかの国《くに》では

どんな夏休《なつやす》みを すごしているの？

アメリカの夏休《なつやす》みは3か月《げつ》くらいあって、サマーキャンプに行《い》く人《ひと》が多《おお》いよ。楽器《がっき》やカヌーの練習《れんしゅう》など、いろいろな経験《けいけん》ができるんだ。

中国《ちゅうごく》の夏休《なつやす》みは約《やく》7週間《しゅうかん》あるよ。でも宿《しゅく》題《だい》や習《なら》いごとがたくさんあって、いそがしいんだ。だから、家族《かぞく》での旅行《りょこう》もあまり行《い》かないよ。

フランスの夏休《なつやす》みは、2か月《げつ》。家《いえ》でのんびりしたり、長《なが》いあいだ家族《かぞく》旅行《りょこう》に行《い》ったりするよ。子《こ》どもだけで祖父母《そふぼ》の家《いえ》に行《い》って、すごすこともあるんだ。

ます。しかも夏休《なつやす》みの宿題《しゅくだい》はいっさい出《で》ません。

日本《にほん》では、夏休《なつやす》みの期間《きかん》に、学校《がっこう》で勉強《べんきょう》したことを忘《わす》れないよう宿題《しゅくだい》が出《で》ます。しかし、**ラトビアの夏休《なつやす》みは、短《みじか》い夏《なつ》を子《こ》どもが楽《たの》しむための**ものと考《かんが》えられているので、宿題《しゅくだい》は出《で》ないのです。

マメ知識《ちしき》

ラトビアの人《ひと》びとは、歌《うた》を大切《たいせつ》にしています。民族《みんぞく》の文化《ぶんか》を守《まも》るために、約《やく》120万曲《まんきょく》もの民謡《みんよう》が歌《うた》いつがれています。

世界《せかい》スゴすぎ調査隊《ちょうさたい》!! 給食編《きゅうしょくへん》

日本《にほん》では、毎日《まいにち》みんないっしょに給食《きゅうしょく》を食《た》べるけど、世界《せかい》にはいろいろなスタイルの給食《きゅうしょく》があるんだ。世界《せかい》の給食《きゅうしょく》の食《た》べ方《かた》を調査《ちょうさ》したよ！

ギモン

ぼくは給食《きゅうしょく》の時間《じかん》が毎日楽《まいにちたの》しみ！
だから、世界《せかい》のみんなの給食《きゅうしょく》のことを知《し》りたいな！

オーストラリア 調査《ちょうさ》NO《ナンバー》1

オーストラリアには給食《きゅうしょく》はないんだ。みんなお弁当《べんとう》を持《も》ってくるよ。お弁当《べんとう》の中身《なかみ》はなんと野菜《やさい》やくだものがそのまま入《はい》っていることも。

高学年《こうがくねん》になると自分《じぶん》でお弁当《べんとう》をつくることもあるんだ。

調査《ちょうさ》NO《ナンバー》2 ブルキナファソ

西《にし》アフリカにある国《くに》、ブルキナファソでは、給食《きゅうしょく》を校庭《こうてい》でつくっているよ。生徒《せいと》のお母《かあ》さんや学校《がっこう》の先生《せんせい》が交《こう》代《たい》で料理《りょうり》をしてくれるんだ。

調査《ちょうさ》NO《ナンバー》4　スウェーデン

スウェーデンの給食《きゅうしょく》は、決《き》まった献《こん》立《だて》がなく、自分《じぶん》の好《す》きなものを選《えら》んで食《た》べられるビュッフェ形式《けいしき》なんだ。ヨーロッパの一部《いちぶ》やアメリカでもこういった給食《きゅうしょく》があるよ。

ベトナム　調査《ちょうさ》NO《ナンバー》3

ベトナムの学校《がっこう》には給食《きゅうしょく》の代《か》わりに屋台《やたい》があるんだ。朝《あさ》ごはんも昼《ひる》ごはんもできたてを食《た》べることができるよ。

メキシコ　調査《ちょうさ》NO《ナンバー》5

メキシコでは、お昼《ひる》ごはんは学校《がっこう》が終《お》わった後《あと》、家《いえ》で食《た》べる学校《がっこう》がほとんどなんだ。その代《か》わり、授業《じゅぎょう》のあいまにおやつの時間《じかん》があるよ。

なんと！

今日《きょう》の授業《じゅぎょう》が決《き》まっていない！アメリカの小学校《しょうがっこう》

日本《にほん》の学校《がっこう》では、曜日《ようび》ごとに時間割《じかんわり》が決《き》まっているのがあたり前《まえ》ですが、アメリカの学校《がっこう》はちがいます。

アメリカの小学校《しょうがっこう》も、日本《にほん》のように担任《たんにん》の先生《せんせい》がいろいろな教科《きょうか》を教《おし》えます。でも、**時間割《じかんわり》はなく、担任《たんにん》の先生《せんせい》が何《なに》をするか毎日《まいにち》考《かんが》えて授業《じゅぎょう》をします。**しかも、低学年《ていがくねん》の場合《ばあい》、教科書《きょうかしょ》やノートを使《つか》わず、先生《せんせい》が用意《ようい》するプリントを使《つか》って授業《じゅぎょう》を行《おこな》います。また、授業《じゅぎょう》を子《こ》どもが理《り》解《かい》しているかが大切《たいせつ》と考《かんが》えられていて、先生《せんせい》がもう少《すこ》し勉強《べんきょう》したほうがよいと思《おも》えば、同《おな》じ授《じゅ》業《ぎょう》をくり返《かえ》すこともあります。

マメ知識《ちしき》

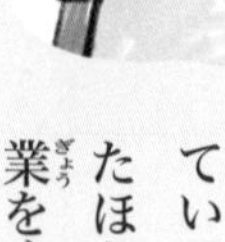

アメリカの中学校《ちゅうがっこう》では、学習《がくしゅう》の進《すす》み具合《ぐあい》によってちがう内容《ないよう》を習《なら》うので、一人《ひとり》ひとりの時間割《じかんわり》がちがいます。

びっくり！

メキシコの学校《がっこう》ではトイレの時間《じかん》を記録《きろく》する!?

日本《にほん》では、授業中《じゅぎょうちゅう》やテストのときにトイレに行《い》きたくなったら、先生《せんせい》に伝《つた》えてトイレに行《い》きますね。

メキシコでは、授業中《じゅぎょうちゅう》にトイレに行《い》く場合《ばあい》、先生《せんせい》に伝《つた》えるだけでなく、トイレの前《まえ》で記録係《きろくがかり》の先生《せんせい》に入《はい》るときと出《で》るときの時間《じかん》を記録《きろく》してもらわなくてはなりません。メキシコの学校《がっこう》は、ひとつの授業時間《じゅぎょうじかん》が長《なが》く、とちゅうでトイレに行《い》きたくなる子《こ》どもも出《で》てきます。**トイレを終《お》えて学校《がっこう》からかってに出《で》て行《い》かないように**、トイレの前《まえ》で記録《きろく》するようになったといわれています。

マメ知識《ちしき》

メキシコの首都《しゅと》メキシコシティはもとはテスココ湖《こ》という湖《みずうみ》があった場所《ばしょ》を埋《う》め立《た》ててつくられました。

なんと！キューバの小学校《しょうがっこう》の制服《せいふく》は全国共通《ぜんこくきょうつう》！

キューバでは、まずしい人《ひと》も勉強《べんきょう》ができるように、小学校《しょうがっこう》から大学《だいがく》までの授業料《じゅぎょうりょう》の多《おお》くが無料《むりょう》です。教科書《きょうかしょ》やノート、えんぴつなどもほとんど無料《むりょう》で支給《しきゅう》されます。でも、教科書《きょうかしょ》などは、毎年新《まいとしあたら》しいものがもらえるわけではないので、修理《しゅうり》をしながら使《つか》います。

また、**小学校《しょうがっこう》の制服《せいふく》は全国共《ぜんこくきょう》通《つう》で、毎年《まいとし》1枚《まい》ずつ配《くば》られます。**小学生《しょうがくせい》は白《しろ》いブラウスに赤《あか》いズボンやスカートと決《き》められています。

まずしい人《ひと》もお金持《かねも》ちも関係《かんけい》なく、だれもが同《おな》じ制服《せいふく》を着《き》て学《まな》べるのです。

マメ知識《ちしき》

中学生《ちゅうがくせい》はズボンやスカートがからし色《いろ》、高校生《こうこうせい》は青色《あおいろ》のブラウスにこん色《いろ》のズボンやスカートと決《き》められています。

ホントに!?

帽子《ぼうし》がないと外《そと》あそび禁止《きんし》!? オーストラリアの学校《がっこう》

太陽《たいよう》の光《ひかり》には、目《め》には見《み》えない紫外線《しがいせん》というものがふくまれています。強《つよ》い紫外線《しがいせん》は、体《からだ》に悪《わる》い影響《えいきょう》をあたえるので、あまりあたりすぎてはいけません。

オーストラリアでは、帽子《ぼうし》をかぶらないと校庭《こうてい》であそんではいけないとしている学校《がっこう》が多《おお》くあります。

紫外線《しがいせん》を防《ふせ》ぐオゾン層《そう》という地球《ちきゅう》の上空《じょうくう》にあるバリアの破壊《はかい》によって、**オーストラリアは、日本《にほん》よりも紫外線《しがいせん》の影響《えいきょう》を受《う》けやすく**なってしまいました。そのため、強《つよ》い紫外線《しがいせん》から子《こ》どもたちを守《まも》るために、帽子《ぼうし》をかぶる決《き》まりができました。

マメ知識《ちしき》

オーストラリアの南部《なんぶ》では夏《なつ》に雨《あめ》があまり降《ふ》らない非常《ひじょう》に乾燥《かんそう》した気候《きこう》の年《とし》もあるため、山火事《やまかじ》がたびたび発生《はっせい》しています。

スゴすぎ！

トンガで行《おこな》われている謎《なぞ》の授業《じゅぎょう》「ソロパニ」とは？

「ソロパニ」とは何《なん》のことだと思《おも》いますか？ 実《じつ》は、そろばんのことです。トンガの小学校《しょうがっこう》では、3〜5年生《ねんせい》が毎日《まいにち》15分間《ふんかん》そろばんを学習《がくしゅう》することになっています。

40年《ねん》ほど前《まえ》、算数《さんすう》がきらいな子《こ》どもが多《おお》かったことに頭《あたま》をなやませていたトンガの王様《おうさま》が、算数《さんすう》が得意《とくい》な子《こ》どもをふやしたいと考《かんが》え、**日本《にほん》のそろばんの先《せん》生《せい》に会《あ》い、そろばんを教育《きょういく》にとり入《い》れることを決《き》めました**。

それからは、毎年《まいとし》日本《にほん》からそろばんを教《おし》える先生《せんせい》がトンガに行《い》って児童《じどう》や先生《せんせい》にそろばんの指導《しどう》をしたり、日本《にほん》のそろばんの産地《さんち》である兵庫県《ひょうごけん》が使《つか》われなくなったそろばんをトンガに送《おく》るなど、そろばんを通《つう》じて、日《に》本《ほん》とトンガは交流《こうりゅう》を深《ふか》めていきました。

今《いま》、小学校《しょうがっこう》では、毎日《まいにち》ソロパニの時間《じかん》があります。毎年《まいとし》3月《がつ》になると全国大会《ぜんこくたいかい》が行《おこな》われるほど、ソロパニがトンガの子《こ》どもたちに広《ひろ》まりました。全国大会《ぜんこくたいかい》の優勝者《ゆうしょうしゃ》は日本《にほん》にまねかれるとあって、みんな一生懸命《いっしょうけんめい》そろばんを練習《れんしゅう》します。また、日本《にほん》の大学《だいがく》へ「そろばん留学《りゅうがく》」をしたトンガ人《じん》の中《なか》には、日本《にほん》のラグビーチームで選手《せんしゅ》として活《かつ》やくした人《ひと》もいます。

お国《くに》自《じ》まん

休《やす》み時間《じかん》のすごし方《かた》

トンガの小学生《しょうがくせい》も休《やす》み時間《じかん》は、教室《きょうしつ》に残《のこ》ってあそんだり、校庭《こうてい》であそんだりするところは、日本《にほん》とにているよ。

でも、近《ちか》くのニュージーランドやオーストラリアとともに、ラグビーが人気《にんき》スポーツのトンガでは、多《おお》くの子《こ》どもが休《やす》み時間《じかん》にラグビーをしているんだ。みんな小《ちい》さいころからラグビーが大好《だいす》きなんだよ。

マメ知識《ちしき》

トンガの伝統料理《でんとうりょうり》はブタの丸焼《まるや》きで、お祝《いわ》いのときなどにふるまわれます。朝夕《あさゆう》にエサをやって、ブタを大切《たいせつ》に育《そだ》てています。

なんと！

5歳《さい》の誕生日《たんじょうび》の翌日《よくじつ》に入学《にゅうがく》！ ニュージーランドの小学生《しょうがくせい》

ニュージーランドも日本《にほん》の小《しょう》学校《がっこう》と同《おな》じように6歳《さい》から1年《ねん》生《せい》になります。でも、5歳《さい》になったら入学《にゅうがく》してもいいという決《き》まりがあり、ほとんどの子《こ》どもが5歳《さい》の誕生日《たんじょうび》のつぎの日《ひ》から小学校《しょうがっこう》に入学《にゅうがく》します。そのため、**全員《ぜんいん》が参加《さんか》する入学式《にゅうがくしき》はありません。**入学《にゅうがく》する日《ひ》がバラバラだと、学力《がくりょく》の差《さ》ができるのではと心配《しんぱい》になりますが、一人《ひとり》ひとりのレベルにあったプリントを使《つか》って勉強《べんきょう》をするので大丈夫《だいじょうぶ》。教科書《きょうかしょ》も使《つか》いません。かばんにはお弁当《べんとう》を入《い》れるぐらいで、あまり重《おも》い荷物《にもつ》を持《も》たないで登校《とうこう》します。

マメ知識《ちしき》

ニュージーランドではラグビーがとても人気《にんき》があり、国際大会《こくさいたいかい》でも何度《なんど》も優勝《ゆうしょう》しています。小学生《しょうがくせい》でもラグビーを習《なら》う子《こ》が多《おお》くいます。

日本《にほん》のびっくりギョー天《てん》！ 学校《がっこう》・生活編《せいかつへん》

世界《せかい》の人《ひと》たちに、日本《にほん》の学校《がっこう》でびっくりしたことを聞《き》いてみたよ！

運動会《うんどうかい》って楽《たの》しそう！

文化祭《ぶんかさい》や運動会《うんどうかい》みたいな学校《がっこう》行事《ぎょうじ》ってとても楽《たの》しそうだね！やってみたいな！

とても楽《たの》しいよ。ほかの国《くに》ではやらないなんて知《し》らなかった。

生徒《せいと》がそうじをするの!?

生徒《せいと》が自分《じぶん》で教室《きょうしつ》をそうじするの？　アメリカでは専門《せんもん》の人《ひと》がやってくれるよ。

そうじ当番《とうばん》を決《き》めて学校中《がっこうじゅう》をそうじするよ。自分《じぶん》できれいにすると気持《きも》ちがいいよ！

子《こ》どもだけで通学《つうがく》!?

子《こ》どもだけで危《あぶ》なくないのかな。イギリスでは親《おや》といっしょに通学《つうがく》するよ。

そんなこと考《かんが》えたことなかったな。日本《にほん》は外国《がいこく》とくらべると安全《あんぜん》なんだね。

料理《りょうり》の授業《じゅぎょう》があるの？

料理《りょうり》の授業《じゅぎょう》があるなんて楽《たの》しそう。みんな料理上手《りょうりじょうず》なのかな？

家庭科《かていか》の授業《じゅぎょう》だね。習《なら》った料理《りょうり》を家族《かぞく》にごちそうしてあげることもあるよ！

4章《しょう》

世《せ》界《かい》の乗《の》りもの・すまい

「一《いち》度《ど》でいいから乗《の》ってみたい、住《す》んでみたい」と思《おも》う乗《の》りものやすまいを教《おし》えてあげる！

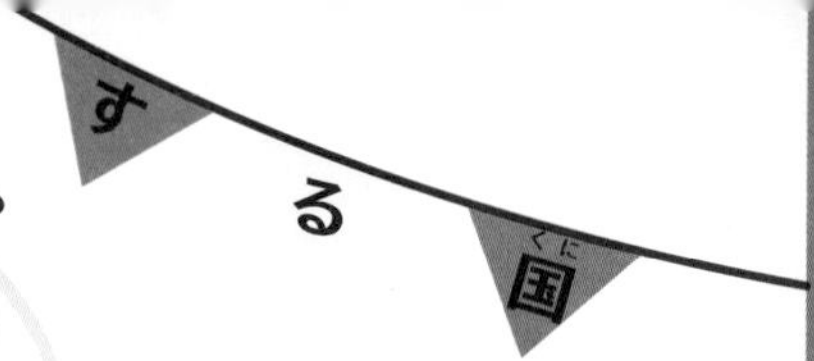

Q.どこの乗《の》りもの？

98ページをチェック！

Q.どこにある家《いえ》？

104ページをチェック！

4章《しょう》で紹《しょう》介《かい》

Q. どこの乗《の》りもの？

100ページをチェック！

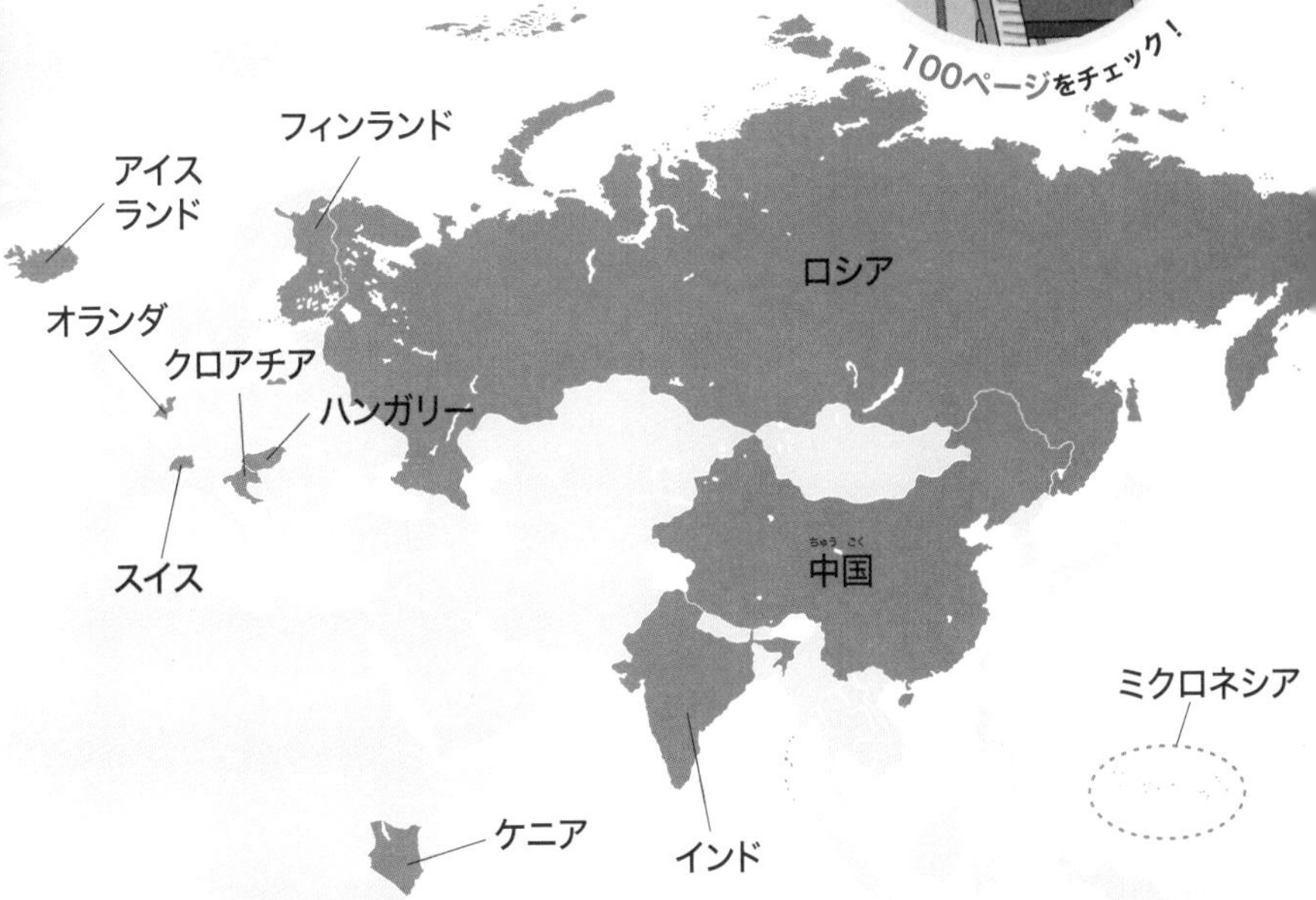

Q. どこにある家《いえ》？

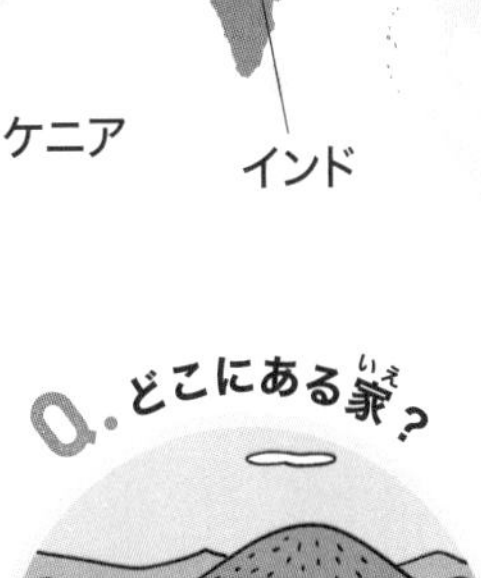

94ページをチェック！

日本《にほん》よりスゴい
満員電車《まんいんでんしゃ》の国《くに》とは？

スゴすぎ!

インドでは列車《れっしゃ》で料理《りょうり》をしてもおこられない!?

日本《にほん》の約《やく》9倍《ばい》もの面積《めんせき》があるインドでは、移動《いどう》するのに鉄道《てつどう》は欠《か》かせません。運《うん》ちんが安《やす》く、なかには人《ひと》ごみにまぎれればタダ乗《の》りできると考《かんが》える人《ひと》もいるからか、車内《しゃない》はとても混《こ》みます。とくに、ムンバイなど人《じん》口《こう》の多《おお》い都市《とし》では、朝《あさ》などの時《じ》間帯《かんたい》は、日本《にほん》とはくらべものにならないほどの混雑《こんざつ》ぶりです。すでに満員《まんいん》の列車《れっしゃ》に多《おお》くの人《ひと》が乗《の》りこみ、乗《の》りきれない人《ひと》は、ドアや窓《まど》にしがみついたり、列《れっ》車《しゃ》の屋根《やね》に上《あ》がったりします。走行中《そうこうちゅう》の列車《れっしゃ》に飛《と》び乗《の》る人《ひと》もいます。当然《とうぜん》、**ドアをしめることができないので、開《あ》けっ放《ぱな》しで**

お国《くに》自《じ》まん

牛《うし》を大切《たいせつ》にするインド

インドは、アジアで最初《さいしょ》に鉄道《てつどう》ができた国《くに》で、世界有数《せかいゆうすう》の「鉄道大国《てつどうたいこく》」といわれているよ。

鉄道《てつどう》だけでなく、車《くるま》やバスなどの交通手段《こうつうしゅだん》も発達《はったつ》しているんだ。

そんなインドでは、道路《どうろ》や線路上《せんろじょう》に牛《うし》が入《はい》ってしまうことがあるよ。牛《うし》は、インドで信仰《しんこう》されている宗教《しゅうきょう》（ヒンドゥー教《きょう》）で神聖《しんせい》な生《い》きものとされているから、むやみにどかすことができなくて、渋滞《じゅうたい》の原因《げんいん》になってしまうこともあるんだ。

走《はし》ります。

長距離《ちょうきょり》を走《はし》る列車《れっしゃ》も混《こ》みあい、荷物《にもつ》をおくあみだなにも人《ひと》が乗《の》るほどです。移動時間《いどうじかん》が長《なが》いので、食《た》べものを持《も》ちこんだり、車内販売《しゃないはんばい》で飲《の》みものが売《う》られます。さらに、車内《しゃない》で料理《りょうり》をする人《ひと》までいますが、あまり気《き》にする人《ひと》はいません。

マメ知識《ちしき》

インドの主《おも》な産業《さんぎょう》は農業《のうぎょう》です。川《かわ》や海《うみ》に近《ちか》い地域《ちいき》では米《こめ》づくりがさかんで、山《やま》に近《ちか》い地域《ちいき》ではお茶《ちゃ》の栽培《さいばい》がさかんです。

なんと！ 中国《ちゅうごく》では子《こ》ども料金《りょうきん》が身長《しんちょう》で決《き》まる！

中国《ちゅうごく》では、電車《でんしゃ》やバスの料金《りょうきん》が子《こ》ども料金《りょうきん》かどうかは、身長《しんちょう》によって決《き》まります。バスや電《でん》車《しゃ》のきっぷ売《う》り場《ば》には身長計《しんちょうけい》がおいてあり、身長《しんちょう》が基準《きじゅん》をこえれば、何歳《なんさい》でも大人料金《おとなりょうきん》になってしまうのです。

基準《きじゅん》となる身長《しんちょう》は国《くに》の法律《ほうりつ》で決《き》まっていないため、都《と》市《し》や地《ち》域《いき》などによってバラバラです。最近《さいきん》は、子《こ》どもの平均身長《へいきんしんちょう》が伸《の》びているため、基準《きじゅん》の身長《しんちょう》を上《あ》げるなどの見直《みなお》しも行《おこな》われています。たとえば首都《しゅと》、北京《ぺきん》の場《ば》合《あい》、130㎝以下《いか》が無料《むりょう》で、150㎝までが子《こ》ども料金《りょうきん》となります。なんだか不公平《ふこうへい》に感《かん》じます。

お国《くに》自《じ》まん

子《こ》どもやお年《とし》よりを大切《たいせつ》にする国《くに》

中国《ちゅうごく》は、古代《こだい》から伝《つた》わる儒《じゅ》教《きょう》の教《おし》えによって、子《こ》どもにやさしく、お年《とし》よりをうやまう気持《きも》ちが根《ね》づいているよ。

とくに、1組《くみ》の夫婦《ふうふ》に子《こ》どもは一人《ひとり》までにするという「一人《ひとり》っ子政策《こせいさく》」が長《なが》く続《つづ》いたから、子《こ》どもを大切《たいせつ》にする親《おや》が多《おお》いんだ。学校《がっこう》への送《おく》りむかえはあたり前《まえ》で、かばんも持《も》ってあげるんだよ！

その代《か》わり、親孝行《おやこうこう》も義務《ぎむ》づけられていて、はなれてくらす親《おや》をしばしばたずねなければいけないと、法律《ほうりつ》で定《さだ》められているよ。そのための休《きゅう》暇《か》もみとめられているんだ。

すが、**年齢《ねんれい》だとごまかす人《ひと》もいるので、ごまかすことができない身長《しんちょう》を基準《きじゅん》にしたほうが公平《こうへい》だと**考《かんが》えられているのです。

ただ、世界的《せかいてき》には年齢《ねんれい》を基準《きじゅん》とする国《くに》が多《おお》いので、最近《さいきん》は遊《ゆう》園地《えんち》の入場料《にゅうじょうりょう》など、年齢《ねんれい》を基準《きじゅん》に集《あつ》めるところも少《すこ》しずつふえてきています。

マメ知識《ちしき》

中国《ちゅうごく》には漢民族《かんみんぞく》のほか50をこえる少数民族《しょうすうみんぞく》がくらしています。それぞれの民族《みんぞく》が独自《どくじ》の言語《げんご》や文化《ぶんか》、伝統《でんとう》をもっています。

びっくり！

牛《うし》のフンでできた家《いえ》は快適《かいてき》！ケニアのアイデアハウス

アフリカ東部《とうぶ》にあるケニアで、牛《うし》やヤギを飼《か》ってくらすマサイ族《ぞく》の人《ひと》びとは、草《くさ》ぶき屋根《やね》の伝統的《でんとうてき》な家《いえ》でくらしています。家《いえ》のかべには、水《みず》と土《つち》、そしてなんと牛《うし》のフンをまぜたものが使《つか》われているのです。**牛《うし》のフンには温度《おんど》を一定《いってい》にたもつ効果《こうか》があります。**昼間《ひるま》の気温《きおん》がときに40度《ど》をこえることもある赤道近《せきどうちか》くのマサイ族《ぞく》の家《いえ》では、室内《しつない》をすずしくするために重要《じゅうよう》な役割《やくわり》をしています。

かわかせばにおいはしません。牛《うし》のフンを使《つか》った家《いえ》は、東《ひがし》アフリカで牧畜《ぼくちく》をしている人《ひと》びとのあいだに広《ひろ》く見《み》られます。

マメ知識《ちしき》

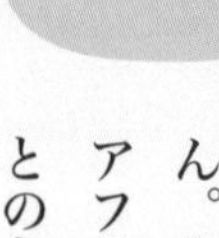

マサイ族《ぞく》の人《ひと》たちは、高《たか》くジャンプできることが強《つよ》さの証《あかし》と考《かんが》えています。高《たか》くジャンプできる人《ひと》はとても尊敬《そんけい》されるのです。

なんと！

屋根《やね》にも芝生《しばふ》を植《う》えちゃう！アイスランドのふしぎ

北極圏《ほっきょくけん》に近《ちか》いアイスランドには、**屋根《やね》一面《いちめん》に芝生《しばふ》が植《う》えられた、「ターフハウス」という伝統的《でんとうてき》な家《いえ》**があります。きびしい寒《さむ》さで、家《いえ》の材料《ざいりょう》（木材《もくざい》）となる木《き》が育《そだ》たないため、代《か》わりに生《は》えていた芝生《しばふ》を利用《りよう》したのです。芝生《しばふ》には寒《さむ》さを防《ふせ》ぐ効果《こうか》があるので、芝生《しばふ》でおおってすきま風《かぜ》をふせいだり、部屋《へや》の中《なか》を暖《あたた》かくたもったりすることができます。また、昔《むかし》は家《いえ》に用《もち》いる木材《もくざい》の部分《ぶぶん》に、流木《りゅうぼく》などを使《つか》っていたようです。

現在《げんざい》ではほとんどつくられませんが、古《ふる》いターフハウスは今《いま》でも国内《こくない》に残《のこ》っています。

＼マメ知識《ちしき》／

アイスランドにはたくさんの活火山《かつかざん》があり、今《いま》もたびたび噴火《ふんか》しています。その火山活動《かざんかつどう》の地熱《ちねつ》を利用《りよう》して、発電《はつでん》が行《おこな》われています。

世界《せかい》スゴすぎ調査隊《ちょうさたい》!! 世界遺産編《せかいいさんへん》

世界遺産《せかいいさん》とは、世界遺産《せかいいさん》条約《じょうやく》にもとづいてつくられた世界遺産《せかいいさん》リストに登録《とうろく》された文化財《ぶんかざい》や遺産《いさん》のことだよ。1000以上《いじょう》ある中《なか》からいくつか調査《ちょうさ》したよ！

ギモン 世界遺産《せかいいさん》ってどんなものがあるの？ 教《おし》えてほしいな！

❶ウルル（オーストラリア）

地面《じめん》からの高《たか》さが約《やく》350m もある岩山《いわやま》で、先住民《せんじゅうみん》であるアボリジニの人《ひと》たちの聖《せい》なる場所《ばしょ》として大切《たいせつ》にされているよ。

❷キナバル自然公園《しぜんこうえん》（マレーシア）

面積《めんせき》が東京《とうきょう》ドーム約《やく》1万《まん》6000こ分《ぶん》の森林《しんりん》で、貴重《きちょう》な動植物《どうしょくぶつ》を見《み》ることができるよ。なかでも、世界最大《せかいさいだい》の花《はな》ラフレシアが有名《ゆうめい》！

❸タージ・マハル（インド）

白《しろ》い大理石《だいりせき》でできた建物《たてもの》だよ。宮殿《きゅうでん》のように見《み》えるけど、実《じつ》は王様《おうさま》が妻《つま》のために建《た》てたお墓《はか》なんだ！

❹ラパ・ヌイ国立公園《こくりつこうえん》（チリ）

南《みなみ》アメリカのチリにあるラパ・ヌイ島《とう》には、多《おお》くの巨大石像《きょだいせきぞう》「モアイ」があるよ。うまっているものや未完成《みかんせい》の像《ぞう》をあわせると数百体《すうひゃくたい》もあるんだって。

❺アブ・シンベル神殿《しんでん》（エジプト）

約《やく》3000年前《ねんまえ》に建《た》てられた神殿《しんでん》だよ！　入《い》り口《ぐち》にある高《たか》さ20m もある４体《たい》の像《ぞう》は、神殿《しんでん》を建《た》てた王様《おうさま》をかたどったものなんだ。

❻サグラダ・ファミリア（スペイン）

アントニ・ガウディという建築家《けんちくか》が設計《せっけい》した教会《きょうかい》で、約《やく》140年間工事中《ねんかんこうじちゅう》なんだ。完成《かんせい》すれば40階《かい》建《だ》てのビルと同《おな》じぐらいの高《たか》さになる予定《よてい》だよ。

1
プ〜ン
2
ドーン!
3
4
5
6

スゴすぎ！

オランダには4人《にん》乗《の》って走《はし》れる自転車《じてんしゃ》がある！

自転車大国《じてんしゃたいこく》ともいわれるオランダでは、多《おお》くの人《ひと》が、通勤《つうきん》や通学《つうがく》、買《か》いものなどに、自転車《じてんしゃ》を使《つか》います。国《くに》が自転車《じてんしゃ》の利用《りよう》をすすめていることもあり、街《まち》には無料駐輪場《むりょうちゅうりんじょう》がたくさんあって、電車《でんしゃ》やフェリーに自転車《じてんしゃ》を持《も》ちこめます。通勤《つうきん》に自転車《じてんしゃ》を使《つか》う人《ひと》には、会社《かいしゃ》が自転車《じてんしゃ》にかかるお金《かね》を補助《ほじょ》してくれるほどです。子《こ》どもの送《おく》りむかえで大人《おとな》がこいで、３人《にん》の子《こ》どもを乗《の》せることができる自転車《じてんしゃ》もあります。

さらに、通勤《つうきん》・通学《つうがく》の手段《しゅだん》は自転車《じてんしゃ》だけではありません。ローラースケートや、郊外《こうがい》では小型《こがた》の馬《うま》、ポニーを使《つか》う人《ひと》もいます。

運河《うんが》がはりめぐらされた首都《しゅと》アムステルダムではボートで通《かよ》う人《ひと》もいます。冬《ふゆ》になると道路《どうろ》をスケートですべって通勤《つうきん》・通学《つうがく》する人《ひと》もいるのです。子《こ》どもはソリを親《おや》に引《ひ》いてもらって通学《つうがく》することも。さまざまな乗《の》りものを使《つか》っているようすを想像《そうぞう》すると楽《たの》しくなりますね。

お国《くに》自《じ》まん

自転車《じてんしゃ》にやさしい国《くに》

1939〜45年《ねん》におきた第二《だいに》次世界大戦後《じせかいたいせんご》、オランダでは自動車《じどうしゃ》が一気《いっき》に広《ひろ》まったことで、子《こ》どもが自動車事故《じどうしゃじこ》にあうことがふえてしまったんだ。そこで、自転車《じてんしゃ》を優先《ゆうせん》する町《まち》づくりが始《はじ》まったよ。

色分《いろわ》けされた自転車専用道《じてんしゃせんようどう》路《ろ》や自転車専用《じてんしゃせんよう》の信号《しんごう》などができ、「ラウンドアバウト」という円形《えんけい》の交差点《こうさてん》では、自《じ》転車《てんしゃ》が通過《つうか》するまで自動車《じどうしゃ》は停止《ていし》しないといけないんだ。その代《か》わり、自転車《じてんしゃ》の交通《こうつう》ルールもきびしく決《き》められていて、歩道《ほどう》の走行《そうこう》や無灯火《むとうか》での走行《そうこう》、信号無視《しんごうむし》をすると罰《ばっ》金《きん》をとられるよ。

マメ知識《ちしき》

オランダでは、毎年《まいとし》ニシン漁《りょう》が始《はじ》まる初夏《しょか》に、生《なま》のニシンの塩《しお》づけや酢《す》づけがよく食《た》べられ、サンドウイッチにして食《た》べる人《ひと》も多《おお》くいます。

なんと！

30秒《びょう》で終点《しゅうてん》に着《つ》く!? クロアチアのケーブルカー

東《ひがし》ヨーロッパに位置《いち》するクロアチアの首都《しゅと》ザグレブには、**世《せ》界一短《かいいちみじか》い距離《きょり》を走《はし》るケーブルカーがあります。**坂《さか》の下《した》と上《うえ》にある町《まち》どうしを約《やく》30秒《びょう》という短《みじか》い時間《じかん》でむすびます。

ケーブルカーの歴史《れきし》は古《ふる》く、1890年《ねん》に運行《うんこう》を開始《かいし》しました。階段《かいだん》を使《つか》っても3分《ぷん》ほどでのぼれますが、とても急《きゅう》なため、お年《とし》よりがのぼるのは大変《たいへん》です。**世《せ》界一短《かいいちみじか》いケーブルカーは、そんなお年《とし》よりのためにつくられたのです。**つくられた当時《とうじ》は、馬《うま》が車体《しゃたい》を引《ひ》っぱっていました。今《いま》でも、地元《じもと》の人《ひと》たちの大《たい》切《せつ》な移動手段《いどうしゅだん》となっています。

マメ知識《ちしき》

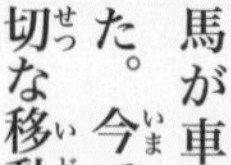

クロアチアはアドリア海《かい》に面《めん》しており、その美《うつく》しい景観《けいかん》を楽《たの》しみに世界中《せかいじゅう》から多《おお》くの観光客《かんこうきゃく》がおとずれます。

スゴすぎ！ スイスのおうちには核《かく》シェルターが標準装備《ひょうじゅんそうび》！

中央《ちゅうおう》ヨーロッパにある**スイスは、戦争《せんそう》がおこってもどの国《くに》の味方《みかた》もしない永世中立国《えいせいちゅうりつこく》**としてみとめられています。しかし、戦争《せんそう》にまきこまれたときは、自分《じぶん》の国《くに》を自分《じぶん》で守《まも》る必要《ひつよう》があります。

そこで、核兵器《かくへいき》による攻撃《こうげき》などにそなえて、すべての建物《たてもの》に核《かく》シェルターをつけることが法律《ほうりつ》で決《き》められていたのです。この法律《ほうりつ》は今《いま》は改正《かいせい》されましたが、現在《げんざい》も多《おお》くの家《いえ》に核《かく》シェルターがあります。ただ、戦争《せんそう》がおきなければ使《つか》われないため、物置《ものおき》や食料庫《しょくりょうこ》、しゅみの部屋《へや》などに活用《かつよう》されています。

マメ知識《ちしき》

スイスにはFIFA《フィファ》（国際《こくさい》サッカー連盟《れんめい》）やIOC《アイオーシー》（国際《こくさい》オリンピック委員会《いいんかい》）などの国際機関《こくさいきかん》の本部《ほんぶ》が数多《かずおお》く設置《せっち》されています。

いいなぁ！

みんなのあこがれ！ ハンガリーの「子《こ》ども鉄道《てつどう》」

中央《ちゅうおう》ヨーロッパにあるハンガリーの首都《しゅと》ブダペストには、子《こ》どもが運営《うんえい》する「子《こ》ども鉄道《てつどう》」があります。運転《うんてん》や、危険《きけん》な作《さ》業《ぎょう》は大人《おとな》がやりますが、発車《はっしゃ》前《まえ》の安全確認《あんぜんかくにん》や車体《しゃたい》の整備《せいび》、きっぷの販売《はんばい》など、**ほとんどの仕事《しごと》は10～14歳《さい》の子《こ》どもたちが行《おこな》う**のです。もちろん車掌《しゃしょう》も子《こ》どもです。

子《こ》ども鉄道《てつどう》は、1948年《ねん》に、社会教育《しゃかいきょういく》として始《はじ》められ今《いま》も受《う》けつがれています。採用《さいよう》されるのは成績《せいせき》が優秀《ゆうしゅう》な子《こ》どもだけなので、ここではたらく子《こ》どもたちは、地元《じもと》の子《こ》どもたちのあこがれの的《まと》になっています。

マメ知識《ちしき》

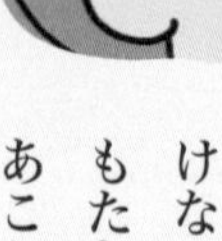

ハンガリーの首都《しゅと》ブダペストには100あまりの温泉《おんせん》があり、ヨーロッパの中《なか》でもよく知《し》られた温泉地《おんせんち》となっています。

ホントに⁉

フィンランドの小学生《しょうがくせい》は家《いえ》でサウナに入《はい》る⁉

冬《ふゆ》が長《なが》く寒《さむ》い国《くに》であるフィンランドは、サウナ発祥《はっしょう》の地《ち》。２０００年《ねん》以上《いじょう》の歴史《れきし》があり、サウナは生活《せいかつ》に欠《か》かせないもので、入《はい》らないと落《お》ち着《つ》かないという人《ひと》もいるくらいです。家《いえ》にはもちろん、**マンションや国会議事堂《こっかいぎじどう》などでもサウナがおかれています。**

また、日本《にほん》とちがってフィンランドのサウナは温度《おんど》が少《すこ》し低《ひく》く、ゆっくり時間《じかん》をかけて入《はい》るサウナは、コミュニケーションをとるのによいのです。２歳《さい》までにほとんどの子《こ》どもがサウナを体験《たいけん》し、サウナの楽《たの》しみをおぼえます。

マメ知識《ちしき》

フィンランドはヨーロッパの北部《ほくぶ》にあります。冬《ふゆ》は太陽《たいよう》が出《で》ている時間《じかん》が５時間《じかん》ほどになり、平均気温《へいきんきおん》はマイナス５度《ど》になります。

スゴすぎ!

休《やす》みの日《ひ》だけのひみつ基地《きち》 ロシアの畑《はたけ》つき別荘《べっそう》

ロシアで都会《とかい》にくらす人《ひと》の多《おお》くは、都会《とかい》からはなれたところに**「ダーチャ」とよばれる、畑《はたけ》つきの別荘《べっそう》を持《も》っています。**かつて都会《とかい》の食料《しょくりょう》が不足《ふそく》していた時代《じだい》、家族《かぞく》のために都会《とかい》からはなれた郊外《こうがい》で食《た》べものをつくったことから始《はじ》まりました。

現在《げんざい》は、都会《とかい》ではたらく人《ひと》たちが、夏《なつ》から秋《あき》の長期《ちょうき》の休《やす》みにすごす場《ば》となっています。ダーチャでは畑《はたけ》仕事《しごと》のほかに、キノコ狩《が》りや釣《つ》りなど、自分《じぶん》の好《す》きなことをしてすごします。畑《はたけ》で収穫《しゅうかく》した野菜《やさい》は、食《た》べきれないぶんを保存食《ほぞんしょく》にして、冬《ふゆ》のあいだ、大事《だいじ》に食《た》べます。

マメ知識《ちしき》

ロシアは世界《せかい》でもっとも面積《めんせき》が大《おお》きい国《くに》です。その大《おお》きさは日本《にほん》の面積《めんせき》のおよそ45倍《ばい》です。

びっくり！ ペルーのウル族《ぞく》は湖《みずうみ》にうかぶ家《いえ》でくらしている！

ペルーの南部《なんぶ》には、おとなりの国《くに》ボリビアとの国境《こっきょう》にまたがって広《ひろ》がるチチカカ湖《こ》があります。この湖《みずうみ》の先住民《せんじゅうみん》ウル族《ぞく》は、なんと**湖《みずうみ》に生《は》えているトトラという植物《しょくぶつ》を積《つ》み上《あ》げてうかべた島《しま》に住《す》んでいます。**植物《しょくぶつ》は水《みず》につかっているとくさっていくため、新《あたら》しいトトラを重《かさ》ねていく必要《ひつよう》がありますが、それでも20〜30年《ねん》はもちます。家族《かぞく》がふえたら島《しま》を広《ひろ》げたり、結婚《けっこん》して新《あたら》しい家《いえ》を建《た》てた家族《かぞく》がいれば切《き》りはなしたりもできます。

家《いえ》や船《ふね》、ときには食料《しょくりょう》や薬《くすり》にもなるトトラは、ウル族《ぞく》にとって、まさに万能《ばんのう》の植物《しょくぶつ》なのです。

マメ知識《ちしき》

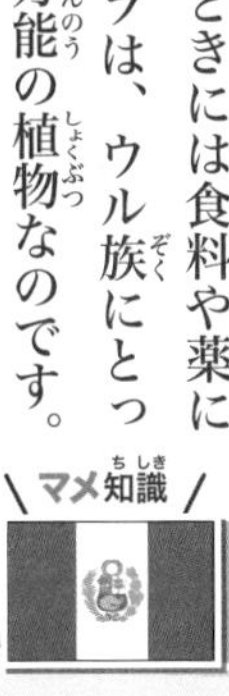

ペルーの南《みなみ》から北《きた》にかけてアンデス山脈《さんみゃく》という標高《ひょうこう》の高《たか》い山《やま》やまが連《つら》なっています。チチカカ湖《こ》はこの山脈《さんみゃく》の中《なか》にあります。

スゴすぎ！

ゴミはロボットが集《あつ》める！ オーストラリアのゴミ収集車《しゅうしゅうしゃ》

オーストラリアのゴミの収集《しゅうしゅう》方法《ほうほう》は画期的《かっきてき》です。

決《き》められた曜日《ようび》にゴミ箱《ばこ》を家《いえ》の外《そと》に出《だ》しておくと、ゴミ収集《しゅうしゅう》車《しゃ》が回収《かいしゅう》にきます。ここまでは日本《にほん》と同《おな》じですが、車《くるま》から人《ひと》がおりて手作業《てさぎょう》でゴミを集《あつ》めるのではなく、**ゴミ収集車《しゅうしゅうしゃ》から伸《の》びたロボットアームが、ゴミ箱《ばこ》をつかみ、ごうかいに中身《なかみ》を車《くるま》の荷箱《にばこ》に入《い》れていく**のです。ゴミ箱《ばこ》は、逆《さか》さにするとふたが開《あ》くしくみです。ロボットの操作《そうさ》は運転手《うんてんしゅ》がするので、人《ひと》手《で》も少《すく》なくてすみます。このような方法《ほうほう》はアメリカやヨーロッパの一部《いちぶ》の国《くに》でも行《おこな》われています。

お国《くに》自《じ》まん

オーストラリアの交通事情《こうつうじじょう》

　自然《しぜん》が広《ひろ》がるオーストラリアでは、野生動物《やせいどうぶつ》が多《おお》く、車《くるま》と動物《どうぶつ》のしょうとつ事故《じこ》が多《おお》くおきています。

　そのため、道路《どうろ》には、「カンガルーに注意《ちゅうい》」「コアラに注意《ちゅうい》」「ウォンバットに注意《ちゅうい》」などの動物《どうぶつ》に注意《ちゅうい》するよううながす交通標識《こうつうひょうしき》があちらこちらに立《た》っています。

マメ知識《ちしき》

エミューという大型《おおがた》の鳥《とり》はオーストラリアの国鳥《こくちょう》として定《さだ》められています。飛《と》ぶことはできませんが、時速《じそく》50kmで走《はし》ります。

スゴすぎ!

ミクロネシアではカヌーで800km航海《こうかい》する!

風向《かざむ》きと波《なみ》の状況《じょうきょう》がよければ、800kmはなれたサイパン島《とう》に5〜6日《むいか》で到着《とうちゃく》する。

南太平洋《みなみたいへいよう》のミクロネシア連邦《れんぽう》サタワル島《とう》では、**伝統的《でんとうてき》な帆走《はんそう》カヌー「ワ・セラク」がつくられています。**島《しま》に人《ひと》や物資《ぶっし》を運《はこ》ぶ船《ふね》は2〜3か月《げつ》に一度《いちど》しかこないため、島《しま》の木材《もくざい》で手《て》づくりしたカヌーで、親《しん》せき訪問《ほうもん》や交《こう》易《えき》をしに、遠《とお》くはなれた島《しま》まで航海《こうかい》します。

航海《こうかい》では、磁石《じしゃく》や海図《かいず》などは使《つか》いません。長年《ながねん》の経験《けいけん》を活《い》かし、星《ほし》や風向《かざむ》きや波《なみ》のようすを読《よ》み、独自《どくじ》にあみだした昔《むかし》ながらの航海術《こうかいじゅつ》で自由《じゆう》に海《うみ》をわたります。島《しま》の男《おとこ》の子《こ》は、6歳《さい》のころからカヌーに乗《の》ってこの航海《こうかい》術《じゅつ》を身《み》につけます。

マメ知識《ちしき》

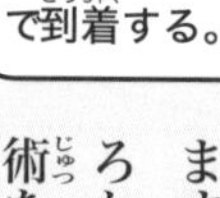

ミクロネシアは約《やく》600もの島《しま》じまからなる国《くに》です。それぞれの島《しま》がとても広《ひろ》い範囲《はんい》に点在《てんざい》していて、島《しま》どうしの行《い》き来《き》がとても大変《たいへん》です。

日本《にほん》のびっくりギョー天《てん》！ 乗《の》りもの・すまい編《へん》

世界《せかい》の人《ひと》たちに、日本《にほん》の乗《の》りものやすまいでびっくりしたことを聞《き》いたよ。

時間《じかん》ぴったりに到着《とうちゃく》！

電車《でんしゃ》が時間通《じかんどお》りにくるのがすごいね！

これがふつうだと思《おも》ってた！
日本《にほん》の電車《でんしゃ》ってすごいんだね。

タクシーに自動《じどう》ドア!?

タクシーに乗《の》ろうとしたら、ドアがひとりでに開《あ》いたよ。
自分《じぶん》で開《あ》けなくていいんだね！

日本《にほん》ならではのサービスなんだね！

おふろに浴《よく》そうが

わたしの国《くに》ではシャワーだけしかついていないおふろがほとんどだからびっくり！

おふろに入《はい》るとぽかぽか気持《きも》ちよくて、体《からだ》にもいいよ！

温《あたた》かい便座《べんざ》にびっくり

トイレについているあたたかい便座《べんざ》、気持《きも》ちいいよね。

流水音《りゅうすいおん》で、トイレ使用中《しようちゅう》の音《おと》を消《け》してくれる装置《そうち》もあるよ！

5章《しょう》

世界《せかい》の行事《ぎょうじ》・スポーツ

祭《まつ》りや年中行事《ねんちゅうぎょうじ》、スポーツの大会《たいかい》など、楽《たの》しい行事《ぎょうじ》が好《す》きなのは世界共通《せかいきょうつう》！　どんなスゴすぎな行事《ぎょうじ》やスポーツがあるのかな？

5章《しょう》で紹《しょう》介《かい》

Q.何《なに》をしているのかな？

129ページをチェック！

Q.何《なに》をしているのかな？

135ページをチェック！

どの国《くに》もスゴい！
世界《せかい》の正月《しょうがつ》とは!?

いいなぁ！

カンボジアには正月《しょうがつ》が1年《ねん》に3回《かい》ある！

カンボジアには1年《ねん》に3回《かい》も正月《しょうがつ》があります。

1月《がつ》には「国際正月《こくさいしょうがつ》」という、西暦《せいれき》にのっとった正月《しょうがつ》があります。日本《にほん》の正月《しょうがつ》と同《おな》じ時期《じき》の正《しょう》月《がつ》です。そして、2月《がつ》ごろには昔《むかし》のこよみにあわせた「中国正《ちゅうごくしょう》月《がつ》」で中国《ちゅうごく》の習慣《しゅうかん》にならって爆《ばく》竹《ちく》を鳴《な》らしてお祝《いわ》いをします。最後《さいご》は**4月《がつ》にカンボジアでもっとも古《ふる》くからある「クメール正《しょう》月《がつ》」を祝《いわ》います。**

どの正月《しょうがつ》も大切《たいせつ》な行事《ぎょうじ》とされていますが、なかでもクメール正月《しょうがつ》は「4月《がつ》ごろに天《てん》から女神《めがみ》がおりてくる」という伝説《でんせつ》があり、カンボジアの人《ひと》にとって特《とく》

別《べつ》なものとされてきました。クメール正月《しょうがつ》の期間《きかん》には、多《おお》くの人《ひと》がふるさとに帰省《きせい》をして、家族《かぞく》でお寺参《てらまい》りや正月《しょうがつ》あそびをします。そのほかに、お清《きよ》めの意味《いみ》がある水《みず》かけ祭《まつ》りや伝《でん》統舞踊《とうぶよう》、コンサートなどが行《おこな》われにぎやかにクメール正月《しょうがつ》を祝《いわ》います。

ほかの国《くに》では

どんな正月《しょうがつ》をすごしているの？

スペインの首都《しゅと》マドリードでは、12か月《げつ》（1年《ねん》）が幸《しあわ》せでいられるように、新《しん》年《ねん》を告《つ》げる鐘《かね》の音《おと》にあわせて12粒《つぶ》のブドウを食《た》べるんだよ。

デンマークでは、大《おお》晦日《みそか》に家族《かぞく》や友《とも》だちの家《いえ》の玄関《げんかん》に皿《さら》を投《な》げつけるよ。

エチオピアでは独自《どくじ》のこよみにあわせて9月1日《がつついたち》に正月《しょうがつ》をお祝《いわ》いするよ。

マメ知識《ちしき》

カンボジアのアンコール・ワットは世界遺産《せかいいさん》としても有名《ゆうめい》。クメール正月《しょうがつ》のときは伝統的《でんとうてき》なおどりなど、さまざまなもよおしを見《み》られます。

スゴすぎ！

ロボットが動《うご》かすアラブ首長《しゅちょう》国連邦《こくれんぼう》のラクダ競争《きょうそう》！

国土《こくど》の大部分《だいぶぶん》に砂《さ》ばくが広《ひろ》がっているアラブ首長国連邦《しゅちょうこくれんぽう》では、昔《むかし》から砂《さ》ばくでの移動《いどう》にてきしたラクダが大切《たいせつ》な移動手段《いどうしゅだん》として利用《りよう》されています。そんなこの国《くに》では昔《むかし》からラクダを使《つか》った伝統的《でんとうてき》な競技《きょうぎ》の「ラクダ競争《きょうそう》」が、親《した》しまれてきました。**昔《むかし》はラクダ競争《きょうそう》の乗《の》り手《て》は子《こ》どもでした**が、勝敗《しょうはい》のために子《こ》どもに体重制限《たいじゅうせいげん》をさせるなどの問題《もんだい》があったため、**今《いま》はロボットが乗《の》り手《て》をつとめています。**ラクダに乗《の》せたロボットを、車《くるま》に乗《の》った調教師《ちょうきょうし》がラクダと並走《へいそう》しながら、リモコンでコントロールします。

＼マメ知識《ちしき》／

アラブ首長国連邦《しゅちょうこくれんぽう》は英語表記《えいごひょうき》のUnited Arab Emirates《ユナイテッド アラブ エミレーツ》の頭文字《かしらもじ》をとってUAE《ユーエーイー》ともよばれます。

びっくり！

韓国《かんこく》では好《す》きな人《ひと》に名字《みょうじ》と出身地《しゅっしんち》を聞《き》く！

韓国《かんこく》は名字《みょうじ》の同《おな》じ人《ひと》が多《おお》い国《くに》です。韓国《かんこく》の人《ひと》が好《す》きな人《ひと》と仲《なか》よくなろうとするとき、昔《むかし》はかならず相手《あいて》の名字《みょうじ》だけでなく、「本貫《ほんがん》（先祖《せんぞ》の出身地《しゅっしんち》）」も聞《き》きました。なぜなら、韓国《かんこく》で大切《たいせつ》にされている**儒教《じゅきょう》の教《おし》えでは、名字《みょうじ》と本貫《ほんがん》が同《おな》じ人《ひと》どうしは結《けっ》婚《こん》できない**とされていて、法律《ほうりつ》にも定《さだ》められていたからです。

この法律《ほうりつ》は１９９９年《ねん》になくなりましたが、本貫《ほんがん》は韓国《かんこく》の人《ひと》びとにとってなじみ深《ぶか》く、今《いま》でも好《す》きな人《ひと》に名字《みょうじ》と出身地《しゅっしんち》を聞《き》く習慣《しゅうかん》や、アイドルのプロフィールに本貫《ほんがん》を書《か》くなど、さまざまな形《かたち》で残《のこ》っています。

マメ知識《ちしき》

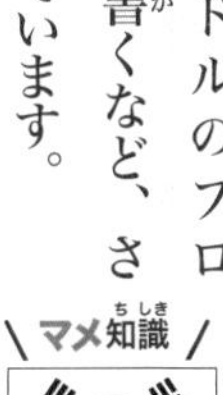

韓国《かんこく》では「金《きむ》」「李《り》」「朴《ぱく》」「崔《ちぇ》」「鄭《ちょん》」の５つの名字《みょうじ》が人口《じんこう》の半分以上《はんぶんいじょう》をしめていて、「五大姓《ごだいせい》」とよばれています。

いいなぁ！

世界中《せかいじゅう》の子《こ》どもが大集合《だいしゅうごう》！トルコの子《こ》どもの日《ひ》がスゴい

日本《にほん》では5月5日《がついっか》が「子《こ》どもの日《ひ》」であるように、世界《せかい》にも「子《こ》どもの日《ひ》」があります。なかでも、**トルコは、世界《せかい》で最初《さいしょ》に子《こ》どもの日《ひ》を決《き》めた国《くに》です。**トルコの初代大統領《しょだいだいとうりょう》が「子《こ》どもは国《くに》の将来《しょうらい》を表《あらわ》す」という思《おも》いから、4月《がつ》23日《にち》を子《こ》どもたちを祝《いわ》う日《ひ》として定《さだ》めました。

現在《げんざい》は、4月《がつ》23日《にち》になると、世界各国《せかいかっこく》の子《こ》どもたちを招待《しょうたい》してお祝《いわ》いをします。子《こ》どもを大《たい》切《せつ》にする考《かんが》えがあるトルコでは、招待《しょうたい》した子《こ》どもたちを家《いえ》にとめてあげます。また、おどりや歌《うた》などの出《だ》しものをして、楽《たの》しみます。

＼マメ知識《ちしき》／

トルコはアジアとヨーロッパの境目《さかいめ》にあるため、古《ふる》くから東西交通《とうざいこうつう》や貿易《ぼうえき》の拠点《きょてん》としてさかえました。

ホントに?

ネパールの結婚式《けっこんしき》では新郎《しんろう》新婦《しんぷ》の足《あし》を洗《あら》った水《みず》を飲《の》む!?

ヒマラヤ山脈《さんみゃく》の中心部《ちゅうしんぶ》にあるネパールでは、結婚式《けっこんしき》に行《おこな》う独《どく》特《とく》な風習《ふうしゅう》があります。それは**新《あたら》しく家族《かぞく》になる新郎《しんろう》へ尊敬《そんけい》の気《き》持《も》ちを表《あらわ》すために**、新郎《しんろう》の足《あし》を親《しん》せきが洗《あら》い、その洗《あら》った水《みず》を飲《の》むというものです。新婦《しんぷ》の足《あし》も同《おな》じようにする場合《ばあい》もあります。最近《さいきん》では、洗《あら》った足《あし》に上《うえ》から水《みず》をたらし、その水《みず》を手《て》で受《う》けて口《くち》につけるぐらい簡単《かんたん》な形《けい》式《しき》になっています。

また、「よい仕事《しごと》をするにはあまいものを食《た》べよう」とされているため、結婚式《けっこんしき》に米粉《こめこ》と小《こ》麦粉《むぎこ》などでつくるあまいおかき「セルロティ」を食《た》べます。

マメ知識《ちしき》

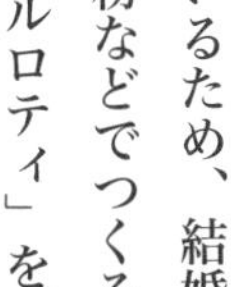

ネパールの主《おも》な産業《さんぎょう》は農業《のうぎょう》です。山《やま》が多《おお》い地域《ちいき》では斜面《しゃめん》に段《だん》だん畑《ばたけ》や棚田《たなだ》をつくって、農地《のうち》として活用《かつよう》しています。

ホントに!?

ウガンダでは太《ふと》っている女性《じょせい》が美人《びじん》!?

アフリカ大陸《たいりく》の赤道直下《せきどうちょっか》に位置《いち》するウガンダでは、花嫁《はなよめ》が太《ふと》るために、**結婚《けっこん》するまでのあいだ特別《とくべつ》な小屋《こや》ですごす場合《ばあい》があります。**

ウガンダを始《はじ》め、アフリカの多《おお》くの国《くに》では「太《ふと》っていること」が美人《びじん》の条件《じょうけん》とされています。やせているのはまずしい証《あかし》で、太《ふと》っていることは富《とみ》を表《あらわ》すと考《かんが》えられているのです。妻《つま》が太《ふと》っていることは、夫《おっと》の身分《みぶん》や経済力《けいざいりょく》の高《たか》さを表《あらわ》します。

そのため、花嫁《はなよめ》は小屋《こや》にこもって食事《しょくじ》をして、母親《ははおや》や親《しん》せきに世話《せわ》をしてもらい体重《たいじゅう》をふやすのです。

ほかの国《くに》では

どんな人《ひと》が美人《びじん》？

イランでは「小《ちい》さな鼻《はな》」が美人《びじん》の条件《じょうけん》。そのため、高《たか》くて大《おお》きな鼻《はな》の女性《じょせい》は、整形手術《けいしゅじゅつ》で鼻《はな》を小《ちい》さくすることがあるんだ。

キューバやヨーロッパの一部《いちぶ》の国《くに》では、「わき毛《げ》」があるのがチャーミングとされているので、わき毛《げ》はそらずに伸《の》ばしたままにする人《ひと》が多《おお》いよ。

アメリカでは「整《ととの》った白《しろ》い歯《は》」が美人《びじん》の決《き》め手《て》だよ。笑顔《えがお》からのぞく歯《は》が真《ま》っ白《しろ》で、歯《は》ならびもきれいなことがポイントなんだ。

\ マメ知識《ちしき》 /

ウガンダは農業《のうぎょう》や牧畜《ぼくちく》がさかんな国《くに》です。アンコール牛《うし》という1m以上《いじょう》の長《なが》い角《つの》をもつ牛《うし》が家畜《かちく》として育《そだ》てられています。

なんと！

コーヒーでプロポーズ エチオピアの結婚《けっこん》

世界有数《せかいゆうすう》のコーヒー豆《まめ》の産地《さんち》であるエチオピアには、**コーヒーでプロポーズをする民族《みんぞく》がいます。**

まず男性《だんせい》の父親《ちちおや》が、夜《よる》に女性《じょせい》の家《いえ》の戸口《とぐち》にコーヒー豆《まめ》をおきます。よく朝《あさ》、男性《だんせい》は「自分《じぶん》がコーヒー豆《まめ》をおいた」と名乗《なの》り、結婚《けっこん》したいと伝《つた》えます。その後《ご》、女性《じょせい》の家《いえ》ではその豆《まめ》を使《つか》ってコーヒーを入《い》れて、その男性《だんせい》が結婚《けっこん》にふさわしいかどうかが話《はな》しあわれます。

プロポーズを受《う》ける場合《ばあい》は「これはコーヒーだ」と男性《だんせい》に伝《つた》えますが、「これは水《みず》だ」といわれるとプロポーズは失敗《しっぱい》です。

＼マメ知識《ちしき》／

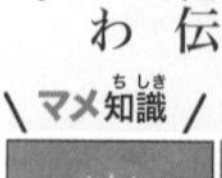

「コーヒー」という名前《なまえ》は、エチオピア南西部《なんせいぶ》のカッファ地方《ちほう》の地名《ちめい》がもとになっているという説《せつ》があります。

スゴすぎ！

死《し》は新《あら》たな人生《じんせい》の始《はじ》まり！楽《たの》しいガーナのお葬式《そうしき》

西《にし》アフリカにあるガーナでは、**お葬式《そうしき》がにぎやかなパーティーのように行《おこな》われます。**死《し》は「新《あたら》しい人生《じんせい》の始《はじ》まり」と考《かんが》えられているため、お葬式《そうしき》は悲《かな》しい儀式《ぎしき》ではなく、亡《な》くなった人《ひと》を新《あたら》しい人生《じんせい》に送《おく》り出《だ》すお祝《いわ》いなのです。

お葬式《そうしき》は多《おお》くの人《ひと》が集《あつ》まってダンスや歌《うた》を歌《うた》い、3日間《かかん》もかけて行《おこな》われます。

また、亡《な》くなった人《ひと》の仕事《しごと》や、好《す》きだったこと、亡《な》くなった人《ひと》がのぞんだことにちなんでつくった個性的《こせいてき》なかんおけをかつぎながら行進《こうしん》したりおどったりもします。

マメ知識《ちしき》

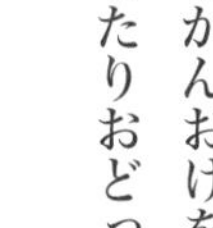

ガーナはカカオ豆《まめ》の生産《せいさん》がさかんな国《くに》です。カカオ豆《まめ》は世界中《せかいじゅう》に輸出《ゆしゅつ》され、チョコレートなどの原料《げんりょう》になります。

スゴすぎ!

コンゴ民主共和国《みんしゅきょうわこく》の人気競技《にんききょうぎ》「魔法《まほう》プロレス」って何《なに》?

コンゴ民主共和国《みんしゅきょうわこく》をふくむアフリカの国《くに》ぐにでは、今《いま》もまじないや呪術《じゅじゅつ》、魔法《まほう》が信《しん》じられており、人《ひと》びとの生活《せいかつ》にも深《ふか》く影響《えいきょう》しています。

コンゴ民主共和国《みんしゅきょうわこく》では、「魔法《まほう》プロレス」が大人気《だいにんき》です。

魔法《まほう》プロレスでは、技《わざ》の代《か》わりに相手《あいて》に魔法《まほう》をかけます。初《はじ》めはふつうのプロレスをしていますが、まじないをかける動作《どうさ》で、**相手《あいて》を金《かな》しばりにして動《うご》けなくしたり、ゾンビに変身《へんしん》させたり**といった魔法《まほう》を使《つか》い始《はじ》めるのです。レスラーがかける魔法《まほう》に、大人《おとな》も子《こ》どもも目《め》が釘《くぎ》づけになります。

マメ知識《ちしき》

コンゴ民主共和国《みんしゅきょうわこく》は、アフリカ有数《ゆうすう》の地下資源《ちかしげん》の産出国《さんしゅつこく》です。銅《どう》やコバルト、ダイヤモンドが多《おお》くとられています。

びっくり！ フィンランドの野球場《やきゅうじょう》はなぜか長方形《ちょうほうけい》!?

フィンランドでは、野球《やきゅう》ににたスポーツ「ペサパッロ」が人《にん》気《き》です。1920年代《ねんだい》にフィンランドのスポーツ指導者《しどうしゃ》が、アメリカで見《み》た野球《やきゅう》をもとに考案《こうあん》しました。**当時《とうじ》フィンランドに野球場《やきゅうじょう》はなく、サッカー場《じょう》を使《つか》ってプレイ**されていました。その名残《なごり》で、ペサパッロのグラウンドは基本的《きほんてき》に長方形《ちょうほうけい》です。

ピッチャーは、球《たま》をバッターの頭上《ずじょう》1m以上《いじょう》真上《まうえ》に投《な》げなければなりません。また野球《やきゅう》のようなホームランはファウルになりますし、本塁《ほんるい》のそばで味方《みかた》が応援《おうえん》してよいなど、野球《やきゅう》とちがう独自《どくじ》のルールがあります。

マメ知識《ちしき》

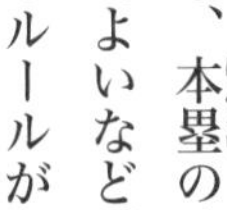

フィンランドは国《くに》の面積《めんせき》の約《やく》70パーセント以上《いじょう》が森林《しんりん》です。
北部《ほくぶ》にあるラップランドには、サンタクロースのすむ村《むら》があります。

スゴすぎ!

新郎新婦《しんろうしんぷ》もびっくり!イギリスの「泥投《どろな》げ結婚式《けっこんしき》」

イギリス北部《ほくぶ》のスコットランド地方《ちほう》の一部《いちぶ》では、「ブラッキング・オブ・ザ・ブライド」という昔《むかし》ながらの結婚《けっこん》にまつわる風《ふう》習《しゅう》が行《おこな》われています。これを日《に》本語《ほんご》に訳《やく》すと「花嫁《はなよめ》を黒《くろ》くする」という意味《いみ》になります。

式《しき》が始《はじ》まる1週間《しゅうかん》ほど前《まえ》のある1日《にち》に、親《しん》せきや友《とも》だちなどが**新郎《しんろう》と新婦《しんぷ》にススや泥《どろ》を投《な》げつけて真《ま》っ黒《くろ》によごすのです。**

そのほかに、くさったたまごや牛乳《ぎゅうにゅう》をかけることもあります。ひどいしうちだと思《おも》うかもしれませんが、結婚《けっこん》というふたりの門出《かどで》にみじめな思《おも》いをすることで、忍耐強《にんたいづよ》くなれるとされてい

ます。さらに、**結婚式《けっこんしき》に邪悪《じゃあく》な精霊《せいれい》や悪運《あくうん》をよびこまないよう、みんなで退治《たいじ》する**という意《い》味《み》もあります。

最近《さいきん》では、この昔《むかし》ながらの結《けっ》婚式《こんしき》の形式《けいしき》はへっていますが、それでもきずなが深《ふか》まるよい機《き》会《かい》だということで、習慣《しゅうかん》をとり入《い》れるカップルもいるようです。

お国《くに》自《じ》まん

ハイランドゲームズ

ハイランドゲームズは、スコットランド地方《ちほう》のハイランドという地域《ちいき》で5～9月《がつ》にかけて行《おこな》われる大会《たいかい》だよ。今《いま》から1000年《ねん》ほど前《まえ》に、当時《とうじ》の王様《おうさま》が兵士《へいし》を集《あつ》めて行《おこな》った、かけっこの大会《たいかい》が始《はじ》まりなんだ。スコットランドの伝統的《でんとうてき》なおどりにかんするコンテストや、民族衣装《みんぞくいしょう》の「キルト」を着《き》て、いろいろなスポーツをするんだよ。

競技《きょうぎ》には、ハンマー投《な》げもある。

マメ知識《ちしき》

日本《にほん》で「タータンチェック」とよばれるもようは、スコットランドの民族衣装《みんぞくいしょう》「キルト」のもよう「タータン」が由来《ゆらい》です。

世界《せかい》スゴすぎ調査隊《ちょうさたい》!! クリスマス編《へん》

世界《せかい》ではどんなふうにクリスマスをすごすのかギモンに思《おも》ったことはあるかな？
世界《せかい》のクリスマスについて調査《ちょうさ》したよ！

ギモン 世界中《せかいじゅう》の子《こ》どもたちも
サンタさんを楽《たの》しみにしているの？

調査《ちょうさ》NO《ナンバー》1

オーストラリア

南半球《みなみはんきゅう》にあるオーストラリアは、北《きた》半球《はんきゅう》にある日本《にほん》とは季節《きせつ》が反対《はんたい》になるよ。だから、クリスマスは真夏《まなつ》なんだ。夏《なつ》にサーフィンを楽《たの》しむ人《ひと》が多《おお》いオーストラリアでは、サンタもサーフィンでやってくるんだ！

ロシア

調査《ちょうさ》NO《ナンバー》2

ロシアではプレゼントをくれるのは、サンタではなくて青《あお》い服《ふく》を着《き》たジェド・マロースというおじいさんとその孫《まご》むすめ。クリスマスが禁止《きんし》だった時代《じだい》があって、そのときにサンタの代《か》わりになったのがこのおじいさんと孫《まご》むすめなんだ。

調査《ちょうさ》NO《ナンバー》3

アイスランド

アイスランドのサンタは13人《にん》の妖《よう》精《せい》で、クリスマスまでの13日間《にちかん》、毎《まい》日《にち》ひとりずつやってきてくつにプレゼントを入《い》れてくれるよ。だけど、悪《わる》い子《こ》のくつにはじゃがいもをつめてしまうんだって！

イタリア

調査《ちょうさ》NO《ナンバー》4

イタリアではサンタのほかにも、ベファーナという魔女《まじょ》がやってきて、プレゼントをくれるんだ。ベファーナはほうきに乗《の》ってやってきて、いい子《こ》にはお菓子《かし》を、悪《わる》い子《こ》には炭《すみ》や小枝《こえだ》をプレゼントするんだよ。

特別調査《とくべつちょうさ》

ペルー

ペルーにも、もちろんサンタはくるよ。でも、クリスマスはサンタがくるだけじゃないんだ。なんと、クスコ州《しゅう》にある村《むら》では、クリスマスの日《ひ》に、きらいな人《ひと》をひとり指名《しめい》して、けんかをするお祭《まつ》りが開《ひら》かれるよ。でも、けんかの後《あと》はかならず仲直《なかなお》りするのがルールなんだって！

びっくり！

マイナス20度《ど》の寒中水泳《かんちゅうすいえい》！ロシアの赤《あか》ちゃんがスゴい

ロシアは、とても寒《さむ》い国《くに》です。比較的暖《ひかくてきあたた》かいとされる首都《しゅと》モスクワでも冬《ふゆ》は0度《ど》にまでは気温《きおん》が上《あ》がりません。

そんなロシアには、寒《さむ》くても病気《びょうき》にならないよう、体《からだ》をきたえる習慣《しゅうかん》があります。寒中水泳《かんちゅうすいえい》もそのひとつで、ロシアでは健康《けんこう》によいとされています。気温《きおん》がマイナス20度《ど》の真冬《まふゆ》でも、**大人《おとな》から子《こ》どもまで氷《こおり》のういた池《いけ》で泳《およ》ぎます。** 1歳《さい》ぐらいの赤《あか》ちゃんも、大人《おとな》といっしょに入《はい》ります。初《はじ》めは、寒《さむ》くて泣《な》いてしまいますが、毎年《まいとし》入《はい》るうちにきたえられて、泣《な》かずに入《はい》れるようになります。

マメ知識《ちしき》

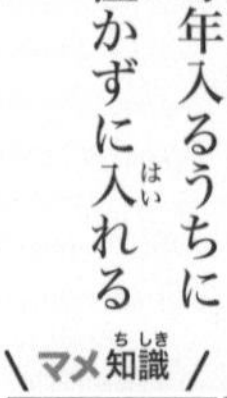

ロシアの北極海沿岸《ほっきょくかいえんがん》には、ふた冬以上《ふゆいじょう》にわたり0度以下《どいか》でこおった状態《じょうたい》にある土地《とち》（永久凍土《えいきゅうとうど》）が広《ひろ》がっています。

いいなぁ！

世界一《せかいいち》楽《たの》しい!? ジャマイカ「レゲエマラソン」

カリブ海《かい》にあるジャマイカは、陽気《ようき》で独特《どくとく》なリズムが特徴《とくちょう》の「レゲエ」というジャンルの音楽《おんがく》が生《う》まれたところです。そんな陽気《ようき》で明《あか》るい国《くに》ジャマイカでは、毎年《まいとし》12月《がつ》に**「レゲエマラソン」という国際的《こくさいてき》なマラソン大会《たいかい》が行《おこな》われます。**

コースのところどころに設置《せっち》されたスピーカーから大音量《だいおんりょう》のレゲエが流《なが》れ、ランナーを応援《おうえん》します。ちょっと休《やす》んで、レゲエを楽《たの》しむランナーもいます。ゴール地点《ちてん》では、レゲエバンドが生演奏《なまえんそう》していて歌《うた》ったりおどったり、レゲエを心《こころ》ゆくまで楽《たの》しめるのです。

マメ知識《ちしき》

ジャマイカはコーヒー豆《まめ》の生産《せいさん》がさかんです。ブルーマウンテンという高級《こうきゅう》なコーヒー豆《まめ》の約《やく》80パーセントが日本《にほん》へ輸出《ゆしゅつ》されます。

なんと！

ブラジルでは誕生日《たんじょうび》に生《なま》たまごを投《な》げつける!?

ブラジルは南《みなみ》アメリカ大陸《たいりく》の中《なか》でもっとも大《おお》きな国土《こくど》をもつ国《くに》です。

そんなブラジルの一部《いちぶ》では、1980年代《ねんだい》ごろから、誕生日《たんじょうび》をむかえた人《ひと》に小麦粉《こむぎこ》や生《なま》たまごを投《な》げつけるというとてもユニークな祝《いわ》い方《かた》がされるようになりました。

ケーキをつくるのが大変《たいへん》だから、**小麦粉《こむぎこ》やたまごなどのケーキの材料《ざいりょう》をそのままプレゼントしようとした**ことで始《はじ》まったともいわれています。

親《した》しいグループの友《とも》だちをお祝《いわ》いするときに楽《たの》しまれているようです。

ほかの国《くに》では

どんな誕生日《たんじょうび》のお祝《いわ》いがあるの？

イスラエルでは、誕生日《たんじょうび》の子《こ》どもをイスにすわらせて、おみこしのようにみんなでかつぎあげるんだよ。

メキシコでは、誕《たん》生日《じょうび》にピニャータというくす玉《だま》のようなものをぼうでたたいて割《わ》るあそびをするよ。中《なか》にはキャンディなどのお菓子《かし》が入《はい》っていて、割《わ》れたらみんなで分《わ》けあうよ。

ハンガリーでは、誕生日《たんじょうび》の人《ひと》がみんなに耳《みみ》たぶを引《ひ》っ張《ぱ》られるよ。

マメ知識《ちしき》

ブラジルではサッカーが人気《にんき》のスポーツです。4年《ねん》に一度《いちど》行《おこな》われるワールドカップでは5回優勝《かいゆうしょう》しており、最多《さいた》の優勝回数《ゆうしょうかいすう》をほこっています。

なんと!

メキシコのお盆《ぼん》は街中《まちじゅう》ガイコツだらけ!?

　メキシコには、日本《にほん》の「お盆《ぼん》」にあたる「死者《ししゃ》の日《ひ》」という行事《ぎょうじ》があります。
　亡《な》くなった先祖《せんぞ》の霊《れい》が、家族《かぞく》のもとに帰《かえ》ってくるという考《かんが》えはお盆《ぼん》と同《おな》じですが、「死者《ししゃ》の日《ひ》」はすごし方《かた》がちがいます。
　メキシコでは、家族《かぞく》でお墓《はか》に行《い》き、マリーゴールドの花《はな》や料理《りょうり》をそなえて、亡《な》くなった人《ひと》の思《おも》い出話《でばなし》をします。また、店先《みせさき》や家《いえ》の玄関《げんかん》に陶器《とうき》でできたガイコツやマリーゴールドをかざった祭《さい》だんができます。町《まち》では人《ひと》びとがガイコツのメイクをして、**ガイコツをかざり、にぎやかに死者《ししゃ》をむかえるのです。**

ほかの国《くに》では

先祖《せんぞ》を大切《たいせつ》にする行事《ぎょうじ》はどんなもの？

日本《にほん》では、7～8月《がつ》がお盆《ぼん》だよ。先祖《せんぞ》の霊《れい》が家《いえ》にもどるための目印《めじるし》として、ちょうちんに火《ひ》をともしたり、家《いえ》の前《まえ》で火《ひ》をたいたりするんだ。また、先祖《せんぞ》の霊《れい》が行《い》き来《き》するための乗《の》りものとして、きゅうりとなすを使《つか》ってつくる馬《うま》と牛《うし》のかざりをおそなえする習慣《しゅうかん》もあるよ。

アメリカなどのハロウィーンでは先祖《せんぞ》の霊《れい》とともに悪《わる》いものもやってくるとされたんだ。魔女《まじょ》やおばけに変装《へんそう》する仮装《かそう》は、そうした悪《わる》いものから身《み》を守《まも》り、追《お》いはらうために始《はじ》まったんだって！

日本《にほん》では死《し》を連想《れんそう》させるガイコツですが、メキシコでガイコツは身近《みぢか》なものです。かつてメキシコで栄《さか》えていた「アステカ帝国《ていこく》」では、ガイコツは生《い》きている人《ひと》とともに生活《せいかつ》しているという考《かんが》えがありました。その名《な》残《ごり》が今《いま》もあるため、ガイコツに恐怖《きょうふ》を感《かん》じないのです。

マメ知識《ちしき》

メキシコ北部《ほくぶ》では、さまざまな食用《しょくよう》のサボテンが栽培《さいばい》されています。ウチワサボテンのトゲをとって、煮《に》たり焼《や》いたりして食《た》べています。

世界《せかい》スゴすぎ調査隊《ちょうさたい》!! 祭《まつ》り編《へん》

世界《せかい》にはどんな祭《まつ》りがあるのかギモンに思《おも》ったことはあるかな？
世界《せかい》の祭《まつ》りについて調査《ちょうさ》したよ！

ギモン

日本《にほん》だと祭《まつ》りの日《ひ》は屋台《やたい》が出《で》て、にぎやかで楽《たの》しい！
ほかの国《くに》には、どんな祭《まつ》りがあるの？

調査《ちょうさ》NO《ナンバー》1 ニジェール

西《にし》アフリカにある国《くに》ニジェールで、移動《いどう》しながらくらす遊牧民《ゆうぼくみん》のボロロ（ウォダベ）族《ぞく》は、１年《ねん》に一度《いちど》、「ゲレウォール」という美男子《びなんし》コンテストを行《おこな》うよ。男性《だんせい》たちはメイクをほどこし、伝統衣装《でんとういしょう》を着《き》て、美《うつく》しさを競《きそ》うんだ。女性《じょせい》の審査員《しんさいん》たちが、もっとも美《うつく》しい男性《だんせい》を選《えら》ぶよ。

スペイン 調査《ちょうさ》NO《ナンバー》2

８月《がつ》に行《おこな》われる「ラ・トマティーナ（トマト祭《まつ》り）」は、トマトの収穫《しゅうかく》を祝《いわ》う祭《まつ》り。なんと、人《ひと》びとがトマトを投《な》げあうんだ。100tものトマトをぶつけあい、トマトがなくなって祭《まつ》りが終《お》わるころには、町《まち》も人《ひと》びとも真《ま》っ赤《か》に染《そ》まるよ。

調査《ちょうさ》NO《ナンバー》3

スリランカ

　7〜8月《がつ》ごろ、10日《か》間《かん》前《ぜん》後《ご》にわたり、「エサラ・ペラヘラ祭《さい》」が行《おこな》われるよ。ダンサーや音楽隊《おんがくたい》、国《くに》の宝物《たからもの》である「ブッダの歯《は》」を背中《せなか》にのせた象《ぞう》などが町中《まちじゅう》をパレードするよ。豆電球《まめでんきゅう》でかざられた100頭《とう》もの象《ぞう》が練《ね》り歩《ある》くところが見《み》どころ！

ペルー

調査《ちょうさ》NO《ナンバー》4

「太陽《たいよう》の祭《まつ》り」といわれる「インティ・ライミ」は、南米三大祭《なんべいさんだいまつ》りのひとつ。その年《とし》の収穫《しゅうかく》に感謝《かんしゃ》し、次《つぎ》の年《とし》の豊作《ほうさく》を願《ねが》う祭《まつ》りで、毎年《まいとし》6月《がつ》24日《か》に開《ひら》かれるよ。人《ひと》びとは、色《いろ》あざやかな衣装《いしょう》を身《み》にまとい、音楽《おんがく》やダンス、伝統的《でんとうてき》な儀式《ぎしき》などを行《おこな》うよ。

調査《ちょうさ》NO《ナンバー》5

イギリス

　2月《がつ》の終《お》わりごろに「パンケーキレース」が開《ひら》かれるよ。参加者《さんかしゃ》はエプロンとスカーフやコック帽《ぼう》を身《み》に着《つ》け、パンケーキをのせたフライパンを持《も》って、ゴールまで走《はし》るんだ。途中《とちゅう》でパンケーキをひっくり返《かえ》しながら走《はし》る、というルールなんだ！

スゴすぎ！

バヌアツでは成人《せいじん》の証《あかし》として バンジージャンプ！？

バヌアツ共和国《きょうわこく》は、南太平洋《みなみたいへいよう》の島国《しまぐに》です。その島《しま》のひとつであるペンテコスト島《とう》には、高《たか》さ30mの木《き》のやぐらから飛《と》び降《お》りる「ナゴール」という命《いのち》がけの伝統儀式《でんとうぎしき》があります。

ナゴールは、島《しま》の主食《しゅしょく》であるヤムイモを収穫《しゅうかく》する4〜5月《がつ》に行《おこな》われ、男《おとこ》の子《こ》が成人《せいじん》としてみとめてもらうための儀式《ぎしき》でもあります。男《おとこ》の子《こ》はやぐらの上《うえ》から、**太《ふと》いつたを足首《あしくび》にまいてまっさかさまに飛《と》び降《お》ります。**頭《あたま》が地面《じめん》に届《とど》く寸前《すんぜん》で止《と》まるよう、つたの長《なが》さは決《き》められていますが、それでもときにはけが人《にん》が出《で》るほど危険《きけん》な儀式《ぎしき》です。

この儀式《ぎしき》にそなえ、男《おとこ》の子《こ》は8歳《さい》になると高《たか》い岩《いわ》の上《うえ》から海《うみ》に飛《と》びこむ訓練《くんれん》をします。そして一定《いってい》の年齢《ねんれい》になると、恐怖心《きょうふしん》をおさえてやぐらから飛《と》び降《お》りることで、「一人前《いちにんまえ》の成人《せいじん》」とみとめられるのです。恐怖《きょうふ》のあまりしりごみすると意気地《いくじ》なしといわれます。島《しま》の人《ひと》びとも、歌《うた》とおどりで成功《せいこう》を応援《おうえん》します。ナゴールは、大人《おとな》の男《おとこ》としてのほこりを示《しめ》す真剣勝負《しんけんしょうぶ》の場《ば》なのです。

現在《げんざい》、世界中《せかいじゅう》で行《おこな》われているバンジージャンプは、このナゴールがもとになったといわれています。

ほかの国《くに》では／どんな成人《せいじん》の儀式《ぎしき》があるの？

◀ エチオピアのハマル族《ぞく》やバンナ族《ぞく》の成人《せいじん》は、一列《いちれつ》にならんだ牛《うし》の背中《せなか》の上《うえ》を、落《お》ちないように走《はし》るんだ。

◀ インドネシアのニアス島《とう》では、約《やく》2mの高《たか》さに積《つ》まれた石《いし》を飛《と》びこえる「ジャンピングストーン」という儀式《ぎしき》があるよ。

＼マメ知識《ちしき》／

バヌアツは83の島《しま》じまからなる国《くに》です。そのうちの半分近《はんぶんちか》くの島《しま》が火山《かざん》の活動《かつどう》でできた島《しま》で、現在《げんざい》もたびたび噴火《ふんか》する活火山《かつかざん》もあります。

びっくり！

パプアニューギニア中《じゅう》の民族《みんぞく》が集《つど》う「シンシンショー」

太平洋《たいへいよう》の島国《しまぐに》、パプアニューギニアには、シンシンとよばれる伝統《でんとう》のおどりがあります。800以上《いじょう》もの民族《みんぞく》に、それぞれの伝統《でんとう》のおどりや衣装《いしょう》があり、重要《じゅうよう》な儀式《ぎしき》のときにひろうします。たとえば、**フリ族《ぞく》は、自分《じぶん》のかみの毛《け》でつくったかつらを身《み》に着《つ》けておどります。**結婚前《けっこんまえ》の男性《だんせい》は、かつらづくりの名人《めいじん》のもとで、1年半《ねんはん》もかみの毛《け》を切《き》らずに伸《の》ばして、かつらのつくり方《かた》を学《まな》びます。

1年《ねん》に一度《いちど》、国中《くにじゅう》の民族《みんぞく》が集《あつ》まる「シンシンショー」の場《ば》で、おたがいにシンシンをひろうしあいます。

マメ知識《ちしき》

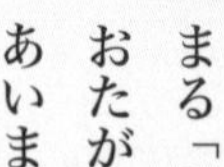

お祝《いわ》いごとなどで食《た》べられる伝統食《でんとうしょく》「ムームー」は、いもや肉《にく》をバナナの葉《は》で包《つつ》んで蒸《む》し焼《や》きにした料理《りょうり》です。

日本《にほん》のびっくりギョー天《てん》！ 行事《ぎょうじ》・スポーツ編《へん》

世界《せかい》の人《ひと》たちに、スゴい！と感《かん》じた日本《にほん》のスポーツや行事《ぎょうじ》について聞《き》いたよ！

ふんどしだけのレスラー!?

身《み》に着《つ》けているものは「ふんどし」だけ!? これで戦《たたか》うの!?

すもうに使《つか》うふんどしを「まわし」というよ！　すもうは日《に》本《ほん》の国技《こくぎ》なんだ。

家《いえ》をかついでいる!?

小《ちい》さな家《いえ》をかついでいるみたい。にぎやかで楽《たの》しかったよ！

それは「おみこし」っていうんだよ！　声《こえ》を出《だ》しながら町《まち》を歩《ある》くんだ！

空《そら》に巨大《きょだい》な魚《さかな》!?

大《おお》きな魚《さかな》が空《そら》を泳《およ》いでいるなんて、初《はじ》めて見《み》たよ！

これはこいのぼりだよ。5月5日《がついつか》の子《こ》どもの日《ひ》に、子《こ》どものすこやかな成長《せいちょう》を願《ねが》って立《た》てるよ！

七夕《たなばた》に短冊《たんざく》？

竹《たけ》にきれいなかざりや短冊《たんざく》があって、すてきだね。

願《ねが》いごとを短冊《たんざく》に書《か》いて笹《ささ》につるすのは日本《にほん》オリジナルなんだよ！

する国《くに》

6章《しょう》 世界《せかい》のびっくりルール・マナー

外国《がいこく》に行《い》くと日本《にほん》とはちがうルールやマナーに、とまどうかも!?どんなルールやマナーがあるのかな？

Q. なんで困《こま》っているの？

156ページをチェック！

Q. 何《なに》をしているの？

166ページをチェック！

6章《しょう》で紹《しょう》介《かい》

Q. なんで傘《かさ》をささないの？

154ページをチェック！

Q. 何《なに》をしているの？

146ページをチェック！

トイレの流《なが》し忘《わす》れが罪《つみ》になる国《くに》とは!?

びっくり!

トイレで紙《かみ》は使《つか》わない! インドのトイレ事情《じじょう》

用《よう》を足《た》したら、左手《ひだりて》でおしりをふくのがインドの習慣《しゅうかん》です。インドのトイレは、便器《べんき》のそばに小型《こがた》のシャワーがとりつけられています。インドでは、**右手《みぎて》にシャワーを持《も》っておしりに水《みず》をかけ、左手《ひだりて》でよごれを洗《あら》い流《なが》す**のです。うんちをしても、トイレットペーパーは使《つか》いません。インドは、日本《にほん》にくらべて暑《あつ》いため、おしりが水《みず》にぬれていても、2〜3分《ぷん》ほどでかわくのです。

　このようにトイレで紙《かみ》を使《つか》う習慣《しゅうかん》がないので、インドではトイレットペーパーはぜいたく品《ひん》とされています。

マメ知識《ちしき》

インドでは近年《きんねん》、人口《じんこう》がふえていて、2019年《ねん》には約《やく》13億《おく》に達《たっ》しました。10年以内《ねんいない》に世界一《せかいいち》の人口《じんこう》になるとされています。

なんと! トイレの水《みず》の流《なが》し忘《わす》れ シンガポールでは罰金《ばっきん》8万《まん》!

　シンガポールは移民《いみん》が多《おお》い国《くに》です。これは、約《やく》200年《ねん》ほど前《まえ》の19世紀《せいき》初《はじ》めにイギリス人《じん》が、シンガポールを自由貿易《じゆうぼうえき》の拠点《きょてん》として発展《はってん》させ、中国《ちゅうごく》やインドなどから人《ひと》びとがうつり住《す》むようになったためです。

言語《げんご》や文化《ぶんか》、習慣《しゅうかん》の異《こと》なる人《ひと》びとが、安全《あんぜん》に気持《きも》ちよく生活《せいかつ》できるように、国《くに》ではさまざまな規則《きそく》が定《さだ》められています。

　なかでも、**トイレにまつわる罰則《ばっそく》はきびしい**ことで知《し》られています。公衆《こうしゅう》トイレで水《みず》を流《なが》し忘《わす》れると、初犯《しょはん》で約《やく》8万円《まんえん》、3回目《かいめ》で40万円以下《まんえんいか》の罰金《ばっきん》が科《か》せられます。

マメ知識《ちしき》

さまざまな民族《みんぞく》がくらしているシンガポールでは、マレー語《ご》、英語《えいご》、中国語《ちゅうごくご》、タミール語《ご》の4つの言語《げんご》を公用語《こうようご》としています。

なんと！

中国《ちゅうごく》では絶対《ぜったい》にあげてはいけないプレゼントがある

中国《ちゅうごく》では誕生日《たんじょうび》やクリスマスのほかにも、昔《むかし》のこよみのお正《しょう》月《がつ》である春節《しゅんせつ》や、秋《あき》に行《おこな》われる中秋節《ちゅうしゅうせつ》という祭《まつ》りなど、さまざまなときにプレゼントをおくる習慣《しゅうかん》があります。そんな中国《ちゅうごく》では、**「プレゼントに置《お》き時《ど》計《けい》をおくってはいけない」といわれています。**

中国語《ちゅうごくご》では、**「置《お》き時《ど》計《けい》をおくること」を表《あらわ》す言葉《ことば》と「親《おや》の死《し》をみとる」という意味《いみ》を表《あらわ》す言葉《ことば》の発音《はつおん》が同《おな》じ**です。そのため、「置《お》き時《ど》計《けい》をおくる」ことは身近《みぢか》な人《ひと》が死《し》んでしまうことを連想《れんそう》させてしまいよくありません。同《おな》じ時《と》計《けい》でも、「うで時《ど》計《けい》」を表《あらわ》す言葉《ことば》は発音《はつおん》が異《こと》なるため、プレゼントしても問題《もんだい》ないそうです。

置《お》き時《ど》計《けい》のほかにも、プレゼントにふさわしくないものがあります。たとえば、「傘《かさ》」は別《わか》れを意味《いみ》する言葉《ことば》と発音《はつおん》が同《おな》じですし、「くつ」は災《わざわ》いを意味《いみ》する言葉《ことば》と発音《はつおん》が同《おな》じなため、さけなければいけません。

また、ラッピングのリボンや包装紙《ほうそうし》も、白《しろ》や灰色《はいいろ》はお葬式《そうしき》のときに使《つか》う色《いろ》なので利用《りよう》しないほうがよいとされています。反《はん》対《たい》に、赤《あか》や金色《きんいろ》は縁起《えんぎ》がいい色《いろ》とされているため、好《この》んで使《つか》われます。

ほかの国《くに》では／おくりもののマナーを教《おし》えて！

アメリカには、プレゼントにレシートをそえるよ。プレゼントが自分《じぶん》の好《この》みにあわないときは、お店《みせ》にプレゼントとレシートを持《も》って行《い》けば、別《べつ》のものに変《か》えられるよ。

ロシアでは「黄色《きいろ》の花《はな》はけんかをまねく」といわれ、黄色《きいろ》の花《はな》をおくるのは失礼《しつれい》なんだ。

マメ知識《ちしき》

中国《ちゅうごく》のお正月《しょうがつ》を祝《いわ》う春節《しゅんせつ》は、1年《ねん》でいちばん大《おお》きな祭《まつ》りです。赤《あか》いちょうちんでかざりつけ、悪霊《あくりょう》をおいはらうために爆竹《ばくちく》を鳴《な》らします。

スゴすぎ！

タイでは男性《だんせい》が一生《いっしょう》に一度《いちど》はお坊《ぼう》さんになる!?

国民《こくみん》の9割《わり》以上《いじょう》が仏教徒《ぶっきょうと》であるタイでは、男性《だんせい》のほとんどが一生《いっしょう》のうちに一度《いちど》は出家《しゅっけ》（お坊《ぼう》さんになること）を経験《けいけん》します。出家《しゅっけ》をしてこそ一人前《いちにんまえ》としてみとめられるため、タイの会《かい》社《しゃ》では、出家《しゅっけ》のために会社《かいしゃ》を休《やす》むことがみとめられています。

修行中《しゅぎょうちゅう》は「托鉢《たくはつ》」といって、お経《きょう》をとなえながら人《ひと》びとの家《いえ》をめぐり、食《た》べものなどをめぐんでもらいます。タイでは、一《いっ》般《ぱん》の人《ひと》びとにも仏教《ぶっきょう》の教《おし》えが根《ね》づいていて、お坊《ぼう》さんに食《た》べものをささげたり、お寺《てら》に寄付《きふ》をしたりしてよいことを続《つづ》けると、来世《らいせ》が幸《しあわ》せになると考《かんが》えら

もっと

お国《くに》自《じ》まん

お坊《ぼう》さんと子《こ》どもに やさしい国《くに》

タイの電車《でんしゃ》にある優先席《ゆうせんせき》の対象《たいしょう》は、「お坊《ぼう》さん」と「子《こ》ども」もふくまれているよ。

修行中《しゅぎょうちゅう》のお坊《ぼう》さんは、「女《じょ》性《せい》に体《からだ》や衣《ころも》をふれられてはいけない」という決《き》まりがあるから、電車《でんしゃ》がゆれたときに女《じょ》性《せい》と接触《せっしょく》することなどがないように、優先席《ゆうせんせき》が設《もう》けられているんだ。

また、大人《おとな》が子《こ》どもに席《せき》をゆずるのもあたり前《まえ》。タイでは、「頭《あたま》には精霊《せいれい》が宿《やど》っている」という理由《りゆう》から、子《こ》どもの頭《あたま》をなでるのもよくないこととされているんだ。

れているのです。

また、**出家中《しゅっけちゅう》は、仏教《ぶっきょう》の教《おし》えにしたがって、蚊《か》やアリにかまれても殺《ころ》してはいけません。**なかには、毎朝《まいあさ》2時半《じはん》におきて、お寺《てら》のそうじをし、お経《きょう》をとなえ、20mの道《みち》をひたすら歩《ある》いて往復《おうふく》するなどのきびしい修行《しゅぎょう》が行《おこな》われる寺《てら》もあります。

マメ知識《ちしき》

1年《ねん》を通《とお》して平均気温《へいきんきおん》が28度《ど》という暑《あつ》い気候《きこう》を生《い》かして、米《こめ》つぶが細《ほそ》くパラパラとした食感《しょっかん》が特徴《とくちょう》の「インディカ米《まい》」の栽培《さいばい》がさかんです。

なんと！

リビアの女性《じょせい》たちは屋根《やね》を歩《ある》いてとなりに行《い》く！？

アフリカにあるリビアの北西《ほくせい》部《ぶ》には、約《やく》2800年前《ねんまえ》から続《つづ》くガダーミスという都市《とし》があります。ここには、石灰《せっかい》でかべをぬった白《しろ》い住居《じゅうきょ》がならぶ「ガダーミスの旧市街《きゅうしがい》」とよばれる街《まち》なみがあります。

かつては隊商《たいしょう》（砂《さ》ばくを横断《おうだん》してほかの地域《ちいき》や国《くに》をわたり歩《ある》いて商売《しょうばい》をする人《ひと》たち）が行《い》き来《き》する町《まち》として栄《さか》えていました。今《いま》でも当時《とうじ》の街《まち》なみが残《のこ》っていることから、1986年《ねん》に世界遺産《せかいいさん》に登録《とうろく》されています。

この町《まち》の住居《じゅうきょ》はなんと屋上《おくじょう》がすべてつながっています。近所《きんじょ》へ出《で》かけるとき、男性《だんせい》はふつうに道路《どうろ》を歩《ある》いて行《い》きますが、**女《じょ》性《せい》は屋上《おくじょう》を歩《ある》いて家《いえ》のあいだを行《い》き来《き》しています。**「女性《じょせい》は家《か》族以外《ぞくいがい》の男性《だんせい》にすがたを見《み》られてはいけない」というイスラム教《きょう》の教《おし》えにもとづいて生活《せいかつ》することができるように、住宅《じゅうたく》がつくられているのです。

また、男性《だんせい》が他人《たにん》の家《いえ》を訪《たず》ねるときは、かならずドアをノックしなくてはなりません。これは、見知《みし》らぬ男性《だんせい》と、家《いえ》の中《なか》にいる女性《じょせい》がまちがえて顔《かお》をあわせないようにするための習慣《しゅうかん》です。家《いえ》の中《なか》に女性《じょせい》がいれば、顔《かお》を見《み》られないように家《いえ》の奥《おく》にかくれるのです。

お国《くに》自《じ》まん

トマトの消費量《しょうひりょう》は世界有数《せかいゆうすう》

リビアの人《ひと》が1年間《ねんかん》に消費《しょうひ》するトマトの量《りょう》は、なんと日本人《にほんじん》の10倍以上《ばいいじょう》。

リビアの北側《きたがわ》は地中海《ちちゅうかい》に面《めん》していてイタリアの植《しょく》民地《みんち》だったことから、イタリア料理《りょうり》の影響《えいきょう》を受《う》けていて、トマトを使《つか》った料理《りょうり》がよく食《た》べられているんだ。リビアの定番料理《ていばんりょうり》である「ショルバ」にも、トマトが使《つか》われているよ。

ショルバは、トマトスープに羊肉《ようにく》や野菜《やさい》、ショートパスタなどが入《はい》ったもの。

マメ知識《ちしき》

リビアは、石油《せきゆ》や天然《てんねん》ガスなどのエネルギー資源《しげん》にめぐまれた国《くに》です。内戦《ないせん》などが終《お》わり政情《せいじょう》が落《お》ち着《つ》いた2011年以降《ねんいこう》、産出《さんしゅつ》がふえています。

世界《せかい》スゴすぎ調査隊《ちょうさたい》!!　食事《しょくじ》マナー編《へん》

食事《しょくじ》をするときにやってはいけないことや、ぎょうぎが悪《わる》いとされることは国《くに》によってさまざまなんだ！　世界《せかい》の食事《しょくじ》マナーを調査《ちょうさ》したよ！

ギモン

日本《にほん》ではおはしの使《つか》い方《かた》でおこられることがあるけど、世界《せかい》にはどんなマナーがあるのかな？

調査《ちょうさ》NO《ナンバー》2　タンザニア

食事《しょくじ》やパーティーにさそわれたら、少《すこ》し時間《じかん》に遅《おく》れていくのがマナーだよ。準備《じゅんび》をしてくれている人《ひと》をあわてさせないためなんだ！

韓国《かんこく》　調査《ちょうさ》NO《ナンバー》1

韓国《かんこく》では年上《としうえ》の人《ひと》をうやまう考《かんが》え方《かた》が根《ね》づいているよ。

だから、食事《しょくじ》のときも、年上《としうえ》の人《ひと》が食事《しょくじ》を食《た》べ始《はじ》めるまで年下《としした》の人《ひと》は食《た》べずに待《ま》っているんだ！

サウジアラビア

調査《ちょうさ》NO《ナンバー》3

レストランでは男性用《だんせいよう》の席《せき》と女性《じょせい》と家族用《かぞくよう》の席《せき》に分《わ》かれているよ。イスラム教《きょう》の教《おし》えで、結婚《けっこん》していない男女《だんじょ》がいっしょに食事《しょくじ》をしてはいけないと決《き》められているからなんだ。

イギリス

調査《ちょうさ》NO《ナンバー》4

レストランで店員《てんいん》さんをよぶときに大《おお》きな声《こえ》を出《だ》すのはマナー違反《いはん》！　声《こえ》を出《だ》さずに静《しず》かに手《て》を上《あ》げるんだ。

オーストラリア

調査《ちょうさ》NO《ナンバー》5

オーストラリアを始《はじ》め、多《おお》くの国《くに》では、めん類《るい》をすすって食《た》べるのはマナー違反《いはん》だよ。すするときの音《おと》を不快《ふかい》に感《かん》じる人《ひと》が多《おお》いんだ。

なんと！

月《つき》に一度《いちど》はみんなでそうじ 団結力《だんけつりょく》を高《たか》めるルワンダ

ルワンダの18歳《さい》以上《いじょう》65歳《さい》未満《みまん》の健康《けんこう》な人《ひと》には、**毎月最後《まいつきさいご》の土曜日《どようび》は、「ウムガンダ」という奉仕活動《ほうしかつどう》に参加《さんか》する**という決《き》まりがあります。

ウムガンダの日《ひ》は、地域《ちいき》のそうじや草《くさ》かりをしたり、道路《どうろ》や学校《がっこう》を修復《しゅうふく》したりします。ときには、まずしい人《ひと》たちのために、みんなで力《ちから》をあわせて家《いえ》を建《た》てることもあります。

このとり組《く》みは、ベルギーから独立《どくりつ》したとき、「国民全員《こくみんぜんいん》が国《くに》に役立《やくだ》つために」という目的《もくてき》から始《はじ》まりました。今《いま》では地域《ちいき》の住民《じゅうみん》どうしが交流《こうりゅう》し、団結力《だんけつりょく》を高《たか》める役割《やくわり》もあります。

マメ知識《ちしき》

ルワンダは1990〜1994年《ねん》にあった民族対立《みんぞくたいりつ》の内戦《ないせん》で多《おお》くの男性《だんせい》が犠牲《ぎせい》になり、生《い》き残《のこ》った女性《じょせい》の力《ちから》で復興《ふっこう》を果《は》たしました。

いいなぁ！

大人《おとな》も昼寝《ひるね》してOK《オーケー》！楽《たの》しいスペインのお昼休《ひるやす》み

スペインには、大人《おとな》も子《こ》どもも、1日《にち》3～4時間《じかん》ほど昼休《ひるやす》みをとるシエスタという習慣《しゅうかん》があります。

スペインの夏《なつ》の日《ひ》ざしはとても強《つよ》く、日中《にっちゅう》は気温《きおん》が40度《ど》以上《いじょう》になる地域《ちいき》もあります。そのため、**暑《あつ》い日中《にっちゅう》は仕事《しごと》をせず、昼《ひる》ごはんを食《た》べてゆっくりしたり、昼寝《ひるね》をしたり**など、のんびりとすごします。

しかし、最近《さいきん》、都市部《としぶ》では、外国《がいこく》との仕事《しごと》のやりとりがふえたことによって、相手《あいて》と時間《じかん》をあわせるために、少《すこ》しずつシエスタの習慣《しゅうかん》がなくなりつつあります。

マメ知識《ちしき》

暖《あたた》かく乾燥《かんそう》した気候《きこう》を生《い》かして、スペインの地中海沿岸部《ちちゅうかいえんがんぶ》では、オリーブやブドウ、ミカンの栽培《さいばい》がさかんです。

なんと！

アイスランドでは雨《あめ》が降《ふ》っても傘《かさ》をささない

北大西洋上《きたたいせいようじょう》にあるアイスランドでは、日本《にほん》の梅雨《つゆ》のように、1日中雨《にちじゅうあめ》が降《ふ》り続《つづ》くということは、ほとんどありません。

気圧《きあつ》などの影響《えいきょう》で1日《にち》の天気《てんき》が不安定《ふあんてい》なアイスランドでは、晴《は》れていると思《おも》っていたら1時間後《じかんご》には雨《あめ》や強風《きょうふう》に見《み》まわれてしまう、ということがめずらしくありません。気《き》まぐれに降《ふ》る雨《あめ》は横《よこ》なぐりで風《かぜ》も強《つよ》く、傘《かさ》をさしても役《やく》に立《た》たないのです。

ですから、**人《ひと》びとは「雨《あめ》にぬれるのはあたり前《まえ》」と考《かんが》え、傘《かさ》をささずに歩《ある》きます。**もちろん、コンビニエンスストアでも傘《かさ》は売《う》っていません。

また、きびしい自然環境《しぜんかんきょう》の中《なか》でくらしてきたアイスランドの人《ひと》びとには「自然《しぜん》に逆《さか》らわないで生《い》きる」という意識《いしき》が根《ね》づいているため、火山《かざん》が噴火《ふんか》して交通機関《こうつうきかん》が止《と》まってしまっても、「しょうがないか」と受《う》け入《い》れ、おこりもせずに再開《さいかい》するのを待《ま》っているようです。

ほかの国《くに》では

どんな傘《かさ》の使《つか》い方《かた》がある？

ミャンマーでは、雨季《うき》だけでなく日《ひ》ざしの強《つよ》い乾季《かんき》にも日傘《ひがさ》代《が》わりに雨傘《あまがさ》をさす習慣《しゅうかん》があるよ。男女《だんじょ》ともに、雨《あめ》の日《ひ》も晴《は》れの日《ひ》も雨傘《あまがさ》をさしているんだ。

ワインのコルクの生産量《せいさんりょう》世界一《せかいいち》をほこるポルトガルでは、コルク生地《きじ》の傘《かさ》がつくられているよ。コルクは水《みず》をはじくから、傘《かさ》の生地《きじ》にてきしているんだ。

スウェーデンでは、傘《かさ》をさす代《か》わりにレインコートやフードつきの防水《ぼうすい》ジャケットを着《き》て、雨《あめ》をしのぐよ。

マメ知識《ちしき》

アイスランドは1980年《ねん》に世界初《せかいはつ》の女性大統領《じょせいだいとうりょう》が誕生《たんじょう》した国《くに》であるとともに、男女《だんじょ》の格差《かくさ》が世界《せかい》でもっとも少《すく》ない国《くに》といわれています。

なんと!

ハンガリーには「ポテトチップス税《ぜい》」がある!?

ハンガリーでは、成人《せいじん》の約《やく》4人《にん》にひとりが、健康《けんこう》に危険《きけん》がおよぶほど体重《たいじゅう》や脂肪《しぼう》が多《おお》い「肥《ひ》満《まん》」だといわれています。

そこで政府《せいふ》が導入《どうにゅう》したのが「ポテトチップス税《ぜい》」です。ポテトチップス税《ぜい》の対象《たいしょう》となるのは、ポテトチップスのほか、クッキーや炭酸飲料《たんさんいんりょう》といった塩《えん》分《ぶん》や砂糖《さとう》が大量《たいりょう》にふくまれる食《しょく》品《ひん》や飲料《いんりょう》です。これらのお菓子《かし》などには、5～20パーセントの税金《ぜいきん》が課《か》されます。**税金《ぜいきん》が高《たか》ければ、ポテトチップスなどを買《か》うことをひかえ、肥満《ひまん》の防止《ぼうし》にも役立《やくだ》つ**だろうと期待《きたい》されています。

マメ知識《ちしき》

ハンガリーは、世界三大珍味《せかいさんだいちんみ》のひとつである「フォアグラ(太《ふと》らせたガチョウやカモの肝臓《かんぞう》)」の産地《さんち》として知《し》られ、日本《にほん》にも輸出《ゆしゅつ》されています。

びっくり!

フランスではベランダに洗濯物《せんたくもの》を干《ほ》すのはNG《エヌジー》!

フランスの首都《しゅと》パリでは、条例《じょうれい》で、通《とお》りに面《めん》したベランダに洗濯物《せんたくもの》を干《ほ》すことが禁止《きんし》されています。これは、歴史的《れきしてき》な建造物《けんぞうぶつ》がならぶ美《うつく》しい街《まち》の景観《けいかん》をたもつためです。

日本《にほん》ではベランダに洗濯物《せんたくもの》を干《ほ》すのはふつうですが、**パリの人《ひと》びとにとっては、洗濯物《せんたくもの》は部《へ》屋《や》の中《なか》で干《ほ》すのがあたり前《まえ》。**パリは年間通《ねんかんとお》して湿度《しつど》が低《ひく》いので、部屋《へや》の中《なか》でも洗濯物《せんたくもの》がかわきやすいのです。また、ひとりぐらしの若者《わかもの》の中《なか》には、1か月《げつ》に1~2回《かい》ほど実家《じっか》に洗濯物《せんたくもの》を持《も》ち帰《かえ》り、お母《かあ》さんに洗濯《せんたく》をしてもらう人《ひと》もいるそうです。

\ マメ知識《ちしき》 /

フランスで生《う》まれたバゲット(かた焼《や》きのパン)やクロワッサンは、世界《せかい》中《じゅう》に広《ひろ》まっています。

世界《せかい》スゴすぎ調査隊《ちょうさたい》!! 名前編《なまえへん》

国《くに》や文化《ぶんか》によって名前《なまえ》のつけ方《かた》はそれぞれちがっているんだ！
世界《せかい》の名前《なまえ》について調査《ちょうさ》したよ！

ギモン 世界《せかい》では、どのようにして名前《なまえ》がつけられているのかな？

モンゴル

調査《ちょうさ》NO《ナンバー》1

モンゴルでは、子《こ》どもにあえて変《か》わった名前《なまえ》をつけることがあるよ。子《こ》どもが早《はや》くに死《し》んでしまうのは悪霊《あくりょう》に連《つ》れ去《さ》られるからと考《かんが》えられているため、変《か》わった名前《なまえ》をつけて子《こ》どもを守《まも》るという意味《いみ》があるんだ！

ガーナ

調査《ちょうさ》NO《ナンバー》2

ガーナでは、生《う》まれた曜日《ようび》によって名前《なまえ》が決《き》まるよ。たとえば、金曜日《きんようび》に生《う》まれた女《おんな》の子《こ》はアフィアという名前《なまえ》になるんだ。だから、同《おな》じ名前《なまえ》の人《ひと》がたくさんいるんだよ。

調査《ちょうさ》NO《ナンバー》3 アメリカ

アメリカでは、息子《むすこ》に父親《ちちおや》と同《おな》じ名前《なまえ》をつけることがあるよ。その場合《ばあい》、子《こ》どもの名前《なまえ》のうしろにはジュニアをつけて区別《くべつ》したり、ニックネームでよんだりするんだ。ヨーロッパの一部《いちぶ》でも同《おな》じように名前《なまえ》をつけることがあるよ。

調査《ちょうさ》NO《ナンバー》4 フランス

フランスでは、名前《なまえ》をいくつでもつけることができるんだ。家族《かぞく》や親《しん》せきの名前《なまえ》をもらってつけることが多《おお》いよ。たくさんの人《ひと》から名前《なまえ》をもらっているために、名前《なまえ》がとても長《なが》い人《ひと》もいるんだ。

ミャンマー 調査《ちょうさ》NO《ナンバー》5

ミャンマーの人《ひと》に、名字《みょうじ》はないよ。これは、家族《かぞく》を表《あらわ》す名字《みょうじ》という考《かんが》え方《かた》がないからなんだ。名字《みょうじ》はないけれど、自分《じぶん》が年上《としうえ》か、同《おな》じ年《とし》か、年下《としした》かによって名前《なまえ》のよび方《かた》が変《か》わるので、名前《なまえ》をたくさん持《も》っているよ。

スゴすぎ!

600万円《まんえん》で丸《まる》1日《にち》自分《じぶん》の国《くに》になる!?夢《ゆめ》のリヒテンシュタイン

リヒテンシュタインは、人口《じんこう》が4万人《まんにん》にもみたない小《ちい》さな国《くに》で、おとなりのスイスが防衛《ぼうえい》や外交《がいこう》をになっています。そんなリヒテンシュタインには、なんと約《やく》600万円《まんえん》で、**国《くに》を丸《まる》1日《にち》貸《か》し切《き》ることができる夢《ゆめ》のようなサービス**が存在《そんざい》します。

パレードで歓迎《かんげい》してもらったり、馬車《ばしゃ》で送《おく》りむかえをしてもらったりできます。さらに、自《じ》分《ぶん》だけのお祭《まつ》りを開《ひら》くこともできるのです。まさにいたれりつくせりです。そのほかに、新《あたら》しい通貨《つうか》を発行《はっこう》したり、道《みち》に名前《なまえ》をつけたりすることもできるそうです。

マメ知識《ちしき》

すぐれた印刷技術《いんさつぎじゅつ》で、美《うつく》しい切手《きって》を発行《はっこう》する国《くに》としても知《し》られ、国家《こっか》の収入《しゅうにゅう》の1割近《わりちか》くを切手《きって》でまかなっているといわれています。

びっくり！

表《おもて》うらでデザインがちがう パラグアイの国旗《こっき》のひみつ

パラグアイは、南《みなみ》アメリカの中央《ちゅうおう》に位置《いち》する国《くに》です。南《みなみ》アメリカの国《くに》ぐにには、かつてはスペインやポルトガルの植民地《しょくみんち》として支配《しはい》されていましたが、その中《なか》でもパラグアイは最初《さいしょ》に独立《どくりつ》をはたしました。

そんなパラグアイの国旗《こっき》の中《ちゅう》央《おう》にえがかれている絵《え》がらは、**世界《せかい》でも数少《かずすく》ない、表《おもて》とうらで異《こと》なるデザインです。**

表《おもて》には独立《どくりつ》を記念《きねん》した「5月《がつ》の星《ほし》」がえがかれています。うらには、自由《じゆう》のシンボルである「フリギア帽《ぼう》」と、それを守護《しゅご》しているライオンがえがかれています。

マメ知識《ちしき》

植民地時代《しょくみんちじだい》にスペインなどから移民《いみん》を受《う》け入《い》れたため、現在《げんざい》、先住民《せんじゅうみん》とスペイン人《じん》の両方《りょうほう》を祖先《そせん》にもつ人《ひと》が人口《じんこう》の9割以上《わりいじょう》をしめています。

なんと！

選挙《せんきょ》に行《い》かないと給料《きゅうりょう》なし!?
ブラジルの選挙《せんきょ》ルール

社会《しゃかい》や生活《せいかつ》をよりよくするために、住民《じゅうみん》や国民《こくみん》の代表者《だいひょうしゃ》として活動《かつどう》する政治家《せいじか》を選《えら》ぶことを「選挙《せんきょ》」といいます。

日本《にほん》では、18歳《さい》以上《いじょう》の国民《こくみん》に、選挙《せんきょ》で投票《とうひょう》する権利《けんり》があたえられていますが、投票《とうひょう》をしなくても罰《ばっ》せられることはありません。

いっぽうブラジルでは、18〜70歳《さい》の国民全員《こくみんぜんいん》に、選挙《せんきょ》での投《とう》票《ひょう》が義務《ぎむ》づけられています。刑《けい》務所《むしょ》にいる人《ひと》も投票《とうひょう》しなければなりません。**もし投票《とうひょう》をしなかったら、約《やく》1100円《えん》の罰金《ばっきん》が科《か》せられるのです。**

もしそれでも投票《とうひょう》に行《い》かないと、パスポートが発行《はっこう》できなくなったり、公立《こうりつ》の学校《がっこう》に入学《にゅうがく》できなくなったり、公務員《こうむいん》の場合《ばあい》には給料《きゅうりょう》がもらえなくなったりするなど、さらにきびしい罰《ばつ》が科《か》されます。

このような制度《せいど》のない日本《にほん》では、投票《とうひょう》しに行《い》く人《ひと》が少《すく》ないことがたびたび社会問題《しゃかいもんだい》になっていますが、ブラジルでは、選挙《せんきょ》権《けん》のある人《ひと》の多《おお》くが投票《とうひょう》するのです。

多《おお》くの民族《みんぞく》がくらし、貧富《ひんぷ》の差《さ》も大《おお》きいブラジルでは、投票《とうひょう》を義務化《ぎむか》することで、だれもが政治《せいじ》に参加《さんか》できるしくみをつくっているのです。

ほかの国《くに》では／選挙《せんきょ》ルールについて教《おし》えて！

ボリビアでは、選挙当日《せんきょとうじつ》は自動車《じどうしゃ》やタクシー、バスなどの通行《つうこう》が禁止《きんし》されているから、人《ひと》びとは徒歩《とほ》で投票所《とうひょうじょ》にむかうよ。

アメリカでは、スーパーマーケットやコインランドリーなどの一角《いっかく》に投票所《とうひょうじょ》が設置《せっち》されるから、わざわざ投票所《とうひょうじょ》まで行《い》かなくていいんだ。

マメ知識《ちしき》

1908年《ねん》に日本《にほん》の移民団《いみんだん》がブラジルへわたったことから、サンパウロ州《しゅう》には移民《いみん》の子孫《しそん》である日系人《にっけいじん》が多《おお》くくらしています。

いいなぁ！

トンガではなんでも姉妹《しまい》ファースト!?

日本《にほん》では、兄弟《きょうだい》や姉妹《しまい》のあつかわれ方《かた》に、あまり大《おお》きな差《さ》はありませんね。しかし、南太平《みなみたいへい》洋《よう》にうかぶ島国《しまぐに》トンガではちがいます。

まず、トンガでは10歳《さい》くらいになると、兄弟《きょうだい》と姉妹《しまい》が同《おな》じ家《いえ》で生活《せいかつ》しなくなります。いっしょにおどったり、食事《しょくじ》をしたり、おたがいの体《からだ》にさわったりしてもいけません。

しかし、**兄弟《きょうだい》は姉妹《しまい》のことをとても大切《たいせつ》にします。**姉《あね》や妹《いもうと》が何《なに》かほしいといったら、自分《じぶん》がしている作業《さぎょう》を中断《ちゅうだん》してでも望《のぞ》みをかなえてあげるのです。

さらに、作物《さくもつ》が収穫《しゅうかく》されると、

いちばんおいしいものを姉妹《しまい》へ届《とど》けます。また、姉《あね》や妹《いもうと》が結《けっ》婚《こん》するときには、ごうかなおくりものをします。

こんなに、姉妹《しまい》が大切《たいせつ》にされるのには理由《りゆう》があります。トンガでは、姉妹《しまい》には兄弟《きょうだい》を守《まも》る霊《れい》力《りょく》があると信《しん》じられているためです。

ほかの国《くに》では

兄弟《きょうだい》姉妹《しまい》のひみつを教《おし》えて！

ネパールには、バイティカという日《ひ》があるよ。ヨーグルトとお米《こめ》と色《いろ》のついた粉《こな》をまぜたものを姉《し》妹《まい》が兄弟《きょうだい》のおでこにぬって、長《なが》生《い》きできるようにお祈《いの》りするんだ！

バイティカの日《ひ》は、姉《あね》が弟《おとうと》をえんま大王《だいおう》からすくった伝説《でんせつ》がもととなっている。

アメリカでは、4月《がつ》10日《とおか》は「シブリングデー」といって兄弟《きょうだい》姉妹《しまい》に日《ひ》ごろの感謝《かんしゃ》を伝《つた》える日《ひ》だよ。

マメ知識《ちしき》

ココヤシの実《み》からつくるココナッツミルクは、生魚《なまざかな》にかけたり、料理《りょうり》に入《い》れたりしてトンガではあまみを出《だ》す調味料《ちょうみりょう》として使《つか》われます。

びっくり！

ニュージーランドでは鼻《はな》をくっつけてあいさつする!?

ニュージーランドの先住民《せんじゅうみん》であるマオリの人《ひと》たちは、おたがいの鼻《はな》と鼻《はな》をぴったりとくっつけあう「ホンギ」というあいさつをします。

ホンギは大切《たいせつ》な人《ひと》をおもてなしするときや、結婚式《けっこんしき》や葬式《そうしき》のような大事《だいじ》な儀式《ぎしき》のときにする、マオリに古《ふる》くから伝《つた》わる習《しゅう》慣《かん》です。ホンギはマオリ語《ご》で**「空気《くうき》や魂《たましい》を交換《こうかん》する・共有《きょうゆう》する」**という意味《いみ》があります。ホンギで顔《かお》を近《ちか》づけて、おたがいの息吹《いぶき》をすいあうことで、相手《あいて》を自分《じぶん》にとって大切《たいせつ》な人《ひと》として受《う》け入《い》れることができると考《かんが》えられているのです。

マメ知識《ちしき》

地面《じめん》にほった穴《あな》に焼《や》けた石《いし》を入《い》れ、上《うえ》に木《こ》の葉《は》などで包《つつ》んだ食《た》べものをのせ蒸《む》し焼《や》きにする「ハンギ」というマオリの伝統料理《でんとうりょうり》があります。

日本《にほん》のびっくりギョー天《てん》！　マナー編《へん》

世界《せかい》の人《ひと》たちに、「おもしろい！」と思《おも》った日本《にほん》のマナーを聞《き》いたよ！

ペコペコ頭《あたま》を下《さ》げすぎ！？

悪《わる》いことをしていないのにおじぎをするのは、あまり印象《いんしょう》がよくないよ。

日本《にほん》では感謝《かんしゃ》の気持《きも》ちを表《あらわ》すおじぎも外国《がいこく》ではちがうんだ。気《き》をつけよう。

りんごの皮《かわ》をむく！？

イタリアでは、りんごはまるごと食《た》べることが多《おお》いんだよ！

日本《にほん》では皮《かわ》が苦手《にがて》な人《ひと》も多《おお》いから、皮《かわ》をむいて食《た》べることが多《おお》いよ。

家《いえ》ではくつをぬぐ！

ドイツではくつのまま家《いえ》に入《はい》るんだ。だから、くつのまま家《いえ》に入《はい》っちゃったよ…。

日本《にほん》では家《いえ》の外《そと》と中《なか》は区別《くべつ》する文化《ぶんか》があるから、玄関《げんかん》でくつをぬぐんだよ。

順番《じゅんばん》を守《まも》る

割《わ》り込《こ》みをせずに、いつもきちんと列《れつ》にならんでいてえらい！

きちょうめんでまじめな性格《せいかく》の人《ひと》が多《おお》いのかな？

国別《くにべつ》データ集《しゅう》

この本《ほん》で、紹介《しょうかい》した国《くに》※の
基本情報《きほんじょうほう》を五十音順《ごじゅうおんじゅん》に
ならべています。
情報《じょうほう》は2020年《ねん》7月時点《がつじてん》のものです。

イスラエル国《こく》

➡P64

面積《めんせき》 2万《まん》2072㎢※1
人口《じんこう》 865万《まん》6000人《にん》※1
首都《しゅと》 エルサレム※2
主要言語《しゅようげんご》 ヘブライ語《ご》、アラビア語《ご》

イラン・イスラム共和国《きょうわこく》

➡P18

面積《めんせき》 162万《まん》8762㎢
人口《じんこう》 8399万《まん》3000人《にん》
首都《しゅと》 テヘラン
主要言語《しゅようげんご》 ペルシャ語《ご》、トルコ語《ご》、クルド語《ご》　など

アイスランド共和国《きょうわこく》

➡P95,127,154

面積《めんせき》 10万《まん》3000㎢
人口《じんこう》 34万《まん》1000人《にん》
首都《しゅと》 レイキャビク
主要言語《しゅようげんご》 アイスランド語《ご》

インド

➡P16,22,40,90,96,142

面積《めんせき》 328万《まん》7263㎢
人口《じんこう》 13億《おく》8000万《まん》4000人《にん》
首都《しゅと》 ニューデリー
主要言語《しゅようげんご》 ヒンディー語《ご》ほか、21の言語《げんご》

アメリカ合衆国《がっしゅうこく》

➡P51,71,80,159

面積《めんせき》 983万《まん》3517㎢
人口《じんこう》 3億《おく》3100万《まん》3000人《にん》
首都《しゅと》 ワシントンD.C.《ディーシー》
主要言語《しゅようげんご》 英語《えいご》

ウガンダ共和国《きょうわこく》

➡P118

面積《めんせき》 24万《まん》1550㎢
人口《じんこう》 4574万《まん》1000人《にん》
首都《しゅと》 カンパラ
主要言語《しゅようげんご》 英語《えいご》、スワヒリ語《ご》、ルガンダ語《ご》

アラブ首長国連邦《しゅちょうこくれんぽう》

➡P71,114

面積《めんせき》 7万《まん》1024㎢
人口《じんこう》 989万人《まんにん》
首都《しゅと》 アブダビ
主要言語《しゅようげんご》 アラビア語《ご》

ウルグアイ東方共和国《とうほうきょうわこく》

➡P32

面積《めんせき》 17万《まん》3626㎢
人口《じんこう》 347万《まん》4000人《にん》
首都《しゅと》 モンテビデオ
主要言語《しゅようげんご》 スペイン語《ご》

アルゼンチン共和国《きょうわこく》

➡P29

面積《めんせき》 279万《まん》6427㎢
人口《じんこう》 4519万《まん》6000人《にん》
首都《しゅと》 ブエノスアイレス
主要言語《しゅようげんご》 スペイン語《ご》

カナダ

➡P30

面積《めんせき》 998万《まん》4670㎢

人口《じんこう》 3774万《まん》2000人《にん》

首都《しゅと》 オタワ

主要言語《しゅようげんご》 英語《えいご》、フランス語《ご》

エクアドル共和国《きょうわこく》

➡P54

面積《めんせき》 25万《まん》7217㎢

人口《じんこう》 1764万《まん》3000人《にん》

首都《しゅと》 キト

主要言語《しゅようげんご》 スペイン語《ご》、ケチュア語《ご》、シュアール語《ご》 など

カンボジア王国《おうこく》

➡P112

面積《めんせき》 18万《まん》1035㎢

人口《じんこう》 1671万《まん》9000人《にん》

首都《しゅと》 プノンペン

主要言語《しゅようげんご》 カンボジア語《ご》

エチオピア連邦《れんぽう》民主共和国《みんしゅきょうわこく》

➡P120

面積《めんせき》 110万《まん》4300㎢

人口《じんこう》 1億《おく》1496万《まん》4000人《にん》

首都《しゅと》 アディスアベバ

主要言語《しゅようげんご》 アムハラ語《ご》、オロモ語《ご》、英語《えいご》 など

キューバ共和国《きょうわこく》

➡P82

面積《めんせき》 10万《まん》9884㎢

人口《じんこう》 1132万《まん》7000人《にん》

首都《しゅと》 ハバナ

主要言語《しゅようげんご》 スペイン語《ご》

オーストラリア連邦《れんぽう》

➡P35,71,78,83,96,106,126,151

面積《めんせき》 769万《まん》2024㎢

人口《じんこう》 2550万人《まんにん》

首都《しゅと》 キャンベラ

主要言語《しゅようげんご》 英語《えいご》

グレートブリテン及《およ》び北《きた》アイルランド連合王国《れんごうおうこく》（イギリス）

➡P23,46,124,135,151

面積《めんせき》 24万《まん》2495㎢

人口《じんこう》 6788万《まん》6000人《にん》

首都《しゅと》 ロンドン

主要言語《しゅようげんご》 英語《えいご》、ウェールズ語《ご》、ゲール語《ご》 など

オランダ王国《おうこく》

➡P73,98

面積《めんせき》 4万《まん》1543㎢

人口《じんこう》 1713万《まん》5000人《にん》

首都《しゅと》 アムステルダム

主要言語《しゅようげんご》 オランダ語《ご》

グレナダ

➡P56

面積《めんせき》 345㎢

人口《じんこう》 11万《まん》3000人《にん》

首都《しゅと》 セントジョージズ

主要言語《しゅようげんご》 英語《えいご》、グレナダ・クレオール語《ご》

ガーナ共和国《きょうわこく》

➡P121,158

面積《めんせき》 23万《まん》8537㎢

人口《じんこう》 3107万《まん》3000人《にん》

首都《しゅと》 アクラ

主要言語《しゅようげんご》 英語《えいご》、各民族《かくみんぞく》の言語《げんご》

 スイス連邦《れんぽう》

➡P53,101

面積《めんせき》 4万《まん》1291㎢

人口《じんこう》 865万《まん》5000人《にん》

首都《しゅと》 ベルン

主要言語《しゅようげんご》 ドイツ語《ご》、フランス語《ご》、イタリア語《ご》、ロマンシュ語《ご》

 クロアチア共和国《きょうわこく》

➡P100

面積《めんせき》 5万《まん》6594㎢

人口《じんこう》 410万《まん》5000人《にん》

首都《しゅと》 ザグレブ

主要言語《しゅようげんご》 クロアチア語《ご》

 スウェーデン王国《おうこく》

➡P24,79

面積《めんせき》 43万《まん》8574㎢

人口《じんこう》 1009万《まん》9000人《にん》

首都《しゅと》 ストックホルム

主要言語《しゅようげんご》 スウェーデン語《ご》

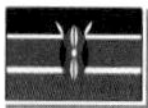 ケニア共和国《きょうわこく》

➡P43,72,94

面積《めんせき》 59万《まん》1958㎢

人口《じんこう》 5377万《まん》1000人《にん》

首都《しゅと》 ナイロビ

主要言語《しゅようげんご》 スワヒリ語《ご》、英語《えいご》

 スペイン王国《おうこく》

➡P22,96,134,153

面積《めんせき》 50万《まん》5987㎢

人口《じんこう》 4675万《まん》5000人《にん》

首都《しゅと》 マドリード

主要言語《しゅようげんご》 スペイン語《ご》、バスク語《ご》、カタルーニャ語《ご》、ガリシア語《ご》、バレンシア語《ご》、アラン語《ご》※3

 コンゴ民主共和国《みんしゅきょうわこく》

➡P69,122

面積《めんせき》 234万《まん》4858㎢

人口《じんこう》 8956万《まん》1000人《にん》

首都《しゅと》 キンシャサ

主要言語《しゅようげんご》 フランス語《ご》、キスワヒリ語《ご》、リンガラ語《ご》、チルバ語《ご》、キコンゴ語《ご》 など

 タイ王国《おうこく》

➡P66,146

面積《めんせき》 51万《まん》3140㎢

人口《じんこう》 6980万人《まんにん》

首都《しゅと》 バンコク

主要言語《しゅようげんご》 タイ語《ご》

 ジャマイカ

➡P129

面積《めんせき》 1万《まん》991㎢

人口《じんこう》 296万《まん》1000人《にん》

首都《しゅと》 キングストン

主要言語《しゅようげんご》 英語《えいご》、ジャマイカ・クレオール語《ご》

 大韓民国《だいかんみんこく》（韓国《かんこく》）

➡P115,150

面積《めんせき》 10万《まん》339㎢

人口《じんこう》 5126万《まん》9000人《にん》

首都《しゅと》 ソウル

主要言語《しゅようげんご》 韓国語《かんこくご》

 シンガポール共和国《きょうわこく》

➡P143

面積《めんせき》 723㎢

人口《じんこう》 585万人《まんにん》

首都《しゅと》 シンガポール

主要言語《しゅようげんご》 マレー語《ご》、英語《えいご》、中国語《ちゅうごくご》、タミール語《ご》

トンガ王国《おうこく》

➡P84,164

面積《めんせき》 747㎢

人口《じんこう》 10万《まん》6000人《にん》

首都《しゅと》 ヌクアロファ

主要言語《しゅようげんご》 トンガ語《ご》、英語《えいご》

中央《ちゅうおう》アフリカ共和国《きょうわこく》

➡P21

面積《めんせき》 62万《まん》2984㎢

人口《じんこう》 483万人《まんにん》

首都《しゅと》 バンギ

主要言語《しゅようげんご》 フランス語《ご》、サンゴ語《ご》、各民族語《かくみんぞくご》

ナウル共和国《きょうわこく》

➡P60

面積《めんせき》 21㎢

人口《じんこう》 1万《まん》1000人《にん》

首都《しゅと》 ヤレン

主要言語《しゅようげんご》 英語《えいご》、ナウル語《ご》

中華人民共和国《ちゅうかじんみんきょうわこく》（中国《ちゅうごく》）

➡P19,53,92,144

面積《めんせき》 960万《まん》㎢

人口《じんこう》 14億《おく》3932万《まん》4000人《にん》※4

首都《しゅと》 北京《ぺきん》

主要言語《しゅようげんご》 漢語《かんご》（中国語《ちゅうごくご》）

ニュージーランド

➡P86,166

面積《めんせき》 26万《まん》8107㎢

人口《じんこう》 482万《まん》2000人《にん》

首都《しゅと》 ウェリントン

主要言語《しゅようげんご》 英語《えいご》、マオリ語《ご》、手話《しゅわ》※5

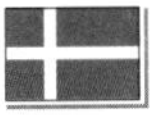

デンマーク王国《おうこく》

➡P74

面積《めんせき》 4万《まん》2933㎢

人口《じんこう》 579万《まん》2000人《にん》

首都《しゅと》 コペンハーゲン

主要言語《しゅようげんご》 デンマーク語《ご》

ネパール連邦《れんぽう》民主共和国《みんしゅきょうわこく》

➡P117

面積《めんせき》 14万《まん》7181㎢

人口《じんこう》 2913万《まん》7000人《にん》

首都《しゅと》 カトマンズ

主要言語《しゅようげんご》 ネパール語《ご》

ドイツ連邦共和国《れんぽうきょうわこく》

➡P26,48,70

面積《めんせき》 35万《まん》7582㎢

人口《じんこう》 8378万《まん》4000人《にん》

首都《しゅと》 ベルリン

主要言語《しゅようげんご》 ドイツ語《ご》

バヌアツ共和国《きょうわこく》

➡P52,136

面積《めんせき》 1万《まん》2189㎢

人口《じんこう》 30万《まん》7000人《にん》

首都《しゅと》 ポートビラ

主要言語《しゅようげんご》 ビスラマ語《ご》、英語《えいご》、フランス語《ご》

トルコ共和国《きょうわこく》

➡P116

面積《めんせき》 78万《まん》3562㎢

人口《じんこう》 8433万《まん》9000人《にん》

首都《しゅと》 アンカラ

主要言語《しゅようげんご》 トルコ語《ご》

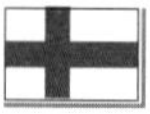

フィンランド共和国《きょうわこく》

➡P103,123

面積《めんせき》 33万《まん》6869㎢

人口《じんこう》 554万《まん》1000人《にん》

首都《しゅと》 ヘルシンキ

主要言語《しゅようげんご》 フィンランド語《ご》、スウェーデン語《ご》

ブラジル連邦共和国《れんぽうきょうわこく》

➡P23,130,162

面積《めんせき》 851万《まん》5767㎢

人口《じんこう》 2億《おく》1255万《まん》9000人《にん》

首都《しゅと》 ブラジリア

主要言語《しゅようげんご》 ポルトガル語《ご》

フランス共和国《きょうわこく》

➡P50,75,157,159

面積《めんせき》 55万《まん》1500㎢

人口《じんこう》 6527万《まん》4000人《にん》

首都《しゅと》 パリ

主要言語《しゅようげんご》 フランス語《ご》

ブルガリア共和国《きょうわこく》

➡P27,45

面積《めんせき》 11万《まん》372㎢

人口《じんこう》 694万《まん》8000人《にん》

首都《しゅと》 ソフィア

主要言語《しゅようげんご》 ブルガリア語《ご》

ブルネイ・ダルサラーム国《こく》

➡P42

面積《めんせき》 5765㎢

人口《じんこう》 43万《まん》7000人《にん》

首都《しゅと》 バンダル・スリ・ブガワン

主要言語《しゅようげんご》 マレー語《ご》、英語《えいご》、中国語《ちゅうごくご》

パプアニューギニア独立国《どくりつこく》

➡P138

面積《めんせき》 46万《まん》2840㎢

人口《じんこう》 894万《まん》7000人《にん》

首都《しゅと》 ポートモレスビー

主要言語《しゅようげんご》 英語《えいご》、ピジン英語《えいご》、モツ語《ご》 など

パラオ共和国《きょうわこく》

➡P36

面積《めんせき》 459㎢

人口《じんこう》 1万《まん》8000人《にん》

首都《しゅと》 マルキョク

主要言語《しゅようげんご》 パラオ語《ご》、英語《えいご》

パラグアイ共和国《きょうわこく》

➡P161

面積《めんせき》 40万《まん》6752㎢

人口《じんこう》 713万《まん》3000人《にん》

首都《しゅと》 アスンシオン

主要言語《しゅようげんご》 スペイン語《ご》、グアラニー語《ご》

ハンガリー

➡P102,156

面積《めんせき》 9万《まん》3023㎢

人口《じんこう》 966万人《まんにん》

首都《しゅと》 ブダペスト

主要言語《しゅようげんご》 ハンガリー語《ご》

フィリピン共和国《きょうわこく》

➡P67

面積《めんせき》 30万《まん》㎢

人口《じんこう》 1億《おく》958万《まん》1000人《にん》

首都《しゅと》 マニラ

主要言語《しゅようげんご》 フィリピノ語《ご》、英語《えいご》 など

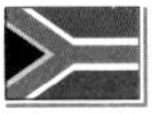

南《みなみ》アフリカ共和国《きょうわこく》

➡P44
面積《めんせき》 122万《まん》1037㎢
人口《じんこう》 5930万《まん》9000人《にん》
首都《しゅと》 プレトリア
主要言語《しゅようげんご》 英語《えいご》、アフリカーンス語《ご》、バンツー諸語《しょご》（ズールー語《ご》、ソト語《ご》ほか）など合計《ごうけい》11の言語《げんご》

ペルー共和国《きょうわこく》

➡P105,127,135
面積《めんせき》 128万《まん》5216㎢
人口《じんこう》 3297万《まん》2000人《にん》
首都《しゅと》 リマ
主要言語《しゅようげんご》 スペイン語《ご》、ケチュア語《ご》、アイマラ語《ご》　など

メキシコ合衆国《がっしゅうこく》

➡P58,79,81,132
面積《めんせき》 196万《まん》4375㎢
人口《じんこう》 1億《おく》2893万《まん》3000人《にん》
首都《しゅと》 メキシコシティ
主要言語《しゅようげんご》 スペイン語《ご》

ボリビア多民族国《たみんぞくこく》

➡P34,59,105,163
面積《めんせき》 109万《まん》8581㎢
人口《じんこう》 1167万《まん》3000人《にん》
首都《しゅと》 ラパス
主要言語《しゅようげんご》 スペイン語《ご》、ケチュア語《ご》、アイマラ語《ご》ほか先住民言語《せんじゅうみんげんご》

モルディブ共和国《きょうわこく》

➡P41
面積《めんせき》 300㎢
人口《じんこう》 54万《まん》1000人《にん》
首都《しゅと》 マレ
主要言語《しゅようげんご》 ディベヒ語《ご》

ポルトガル共和国《きょうわこく》

➡P28
面積《めんせき》 9万《まん》2226㎢
人口《じんこう》 1019万《まん》7000人《にん》
首都《しゅと》 リスボン
主要言語《しゅようげんご》 ポルトガル語《ご》

モンゴル国《こく》

➡P68,158
面積《めんせき》 156万《まん》4116㎢
人口《じんこう》 327万《まん》8000人《にん》
首都《しゅと》 ウランバートル
主要言語《しゅようげんご》 モンゴル語《ご》、カザフ語《ご》

マレーシア

➡P20,96
面積《めんせき》 33万《まん》621㎢
人口《じんこう》 3236万《まん》6000人《にん》
首都《しゅと》 クアラルンプール
主要言語《しゅようげんご》 マレー語《ご》、中国語《ちゅうごくご》、タミール語《ご》、英語《えいご》

ラトビア共和国《きょうわこく》

➡P76
面積《めんせき》 6万《まん》4573㎢
人口《じんこう》 188万《まん》6000人《にん》
首都《しゅと》 リガ
主要言語《しゅようげんご》 ラトビア語《ご》

ミクロネシア連邦《れんぽう》

➡P53,108
面積《めんせき》 702㎢
人口《じんこう》 11万《まん》5000人《にん》
首都《しゅと》 パリキール
主要言語《しゅようげんご》 英語《えいご》、現地《げんち》の8言語《げんご》

ルワンダ共和国《きょうわこく》

→P152

面積《めんせき》 2万《まん》6338㎢
人口《じんこう》 1295万《まん》2000人《にん》
首都《しゅと》 キガリ
主要言語《しゅようげんご》 ルワンダ語《ご》、英語《えいご》、フランス語《ご》、スワヒリ語《ご》

リビア

→P148

面積《めんせき》 167万《まん》6198㎢
人口《じんこう》 687万《まん》1000人《にん》
首都《しゅと》 トリポリ
主要言語《しゅようげんご》 アラビア語《ご》

ロシア連邦《れんぽう》

→P104,126,128

面積《めんせき》 1709万《まん》8246㎢
人口《じんこう》 1億《おく》4593万《まん》4000人《にん》
首都《しゅと》 モスクワ
主要言語《しゅようげんご》 ロシア語《ご》

リヒテンシュタイン公国《こうこく》

→P160

面積《めんせき》 160㎢
人口《じんこう》 3万《まん》8000人《にん》
首都《しゅと》 ファドーツ
主要言語《しゅようげんご》 ドイツ語《ご》

おうちの方《かた》へ

※本書《ほんしょ》は、日本《にほん》とはちがう世界《せかい》の文化《ぶんか》や習《しゅう》慣《かん》を紹介《しょうかい》しています。紹介《しょうかい》した各国《かっこく》の文《ぶん》化《か》や習慣《しゅうかん》は、各国《かっこく》の一部地域《いちぶちいき》で見《み》られる文化《ぶんか》や習慣《しゅうかん》である場合《ばあい》があります。また、5章《しょう》で紹介《しょうかい》している結婚《けっこん》にかんする行事《ぎょうじ》や文化《ぶんか》には、過去《かこ》の慣習《かんしゅう》もふくめています。

※本書《ほんしょ》の中《なか》で国名《こくめい》を使《つか》う場合《ばあい》、正式《せいしき》な国名《こくめい》でなく通称《つうしょう》を使《つか》っている場合《ばあい》があります。(例《れい》:オランダ王国《おうこく》→オランダなど)

※この本《ほん》では、新型《しんがた》コロナウイルス発生前《はっせいまえ》にあった文化《ぶんか》もふくめて紹介《しょうかい》しています。

※「2〜7ページ」、「ほかの国《くに》では」、「ギモンにおこたえ！　世界《せかい》スゴすぎ調査《ちょうさ》隊《たい》!!」、「世界《せかい》の人《ひと》に聞《き》いてみた　日本《にほん》のびっくりギョー天《てん》！」ページだけに登場《とうじょう》する国《くに》は、国別《くにべつ》データ集《しゅう》には掲載《けいさい》していません。

※各国《かっこく》のデータや国別《くにべつ》データ集《しゅう》の主要言語《しゅようげんご》は、原則《げんそく》として外務省《がいむしょう》のホームページ、国際連合《こくさいれんごう》の「Demographic Yearbook 2018」、「World Population Prospects : The 2019 Revision」をもとにしています。

※1　イスラエルの面積《めんせき》、人口《じんこう》に、パレスチナ自治区《じちく》はふくめていません。

※2　イスラエルの首都《しゅと》（エルサレム）は、日本《にほん》をふくめ国際社会《こくさいしゃかい》の大多数《だいたすう》には認《みと》められていません。

※3　スペインの主要言語《しゅようげんご》は、憲法《けんぽう》で認《みと》められた各自治州《かくじちしゅう》の公用語《こうようご》を表《あらわ》しています。

※4　中華人民共和国《ちゅうかじんみんきょうわこく》の人口《じんこう》に、台湾《たいわん》、香《ほん》港《こん》、マカオはふくめていません。

※5　ニュージーランドでは、2006年《ねん》に世《せ》界《かい》で初《はじ》めて「手話《しゅわ》」を法律《ほうりつ》で公用語《こうようご》のひとつに定《さだ》めました。

参考《さんこう》資料《しりょう》

『それ日本と逆!?　文化のちがい習慣のちがい第2期　①ニコニコ学校生活』(須藤健一監修、学研)

『それ日本と逆!?　文化のちがい習慣のちがい第2期　②ペラペラことばとものの名前』(須藤健　監修、学研)

『それ日本と逆!?　文化のちがい習慣のちがい第2期　③ワクワク音楽と物語』(須藤健一監修、学研)

『それ日本と逆!?　文化のちがい習慣のちがい第2期　④ドキドキお出かけ・乗りもの』(須藤健一監修、学研)

『それ日本と逆!?　文化のちがい習慣のちがい第2期　⑤ワイワイ記念日とお祭り』(須藤健一監修、学研)

『学校へいきたい！　世界の果てには こんな通学路が！　ジャクソン ケニアの11歳』
(パスカル・プリッソン著、六耀社)

『とつげきドイツぐらし！』(白乃 雪著、KADOKAWA／富士見書房)

『幸せの国スウェーデンから　くまさんと私のおもしろ北欧デイリーライフ』(やまだあいこ著、DU BOOKS)

『ニッポンじゃアリエナイ世界の国』(斗鬼正一監修、SBクリエイティブ)

『開幕！ 世界あたりまえ会議―私の「ふつう」は、誰かの「ありえない」―』(斗鬼正一監修、ワニブックス)

『DOOR -ドア- 208の国と地域がわかる国際理解地図①〜⑤』(中村和郎、次山信男、滝沢由美子監修、帝国書院)

『世界あっちこっちくらし探検』(スージー・レイ著、汐文社)

『ランキング図鑑シリーズ2　世界なんでもランキング図鑑』(池野範男、久保哲朗監修、ミネルヴァ書房)

『世界の子どもたち１　ぼくの、わたしの、世界の学校』(マーグリート・ルアーズ著、鈴木出版)

『世界の子どもたち２　ぼくの、わたしの、世界の誕生日』(マーグリート・ルアーズ著、鈴木出版)

『世界の子どもたち３　ぼくの、わたしの、世界の家族』(マーグリート・ルアーズ著、鈴木出版)

『ポプラディアプラス　世界の国々１〜４』(ポプラ社)

『日本人が知らない　ヨーロッパ46カ国の国民性』(造事務所編著、PHP研究所)

『日本人が意外と知らない　アジア45カ国の国民性』(造事務所編著、PHP研究所)

『日本人が驚く　中南米33カ国のお国柄』(造事務所編著、PHP研究所)

『国民性の違いがはっきりわかる本』(博学こだわり倶楽部編著、河出書房新社)

参考ホームページ(2020年7月時点の情報です)

・朝日新聞コラム「世界のウチ」https://www.asahi.com/housing/world/

・外務省「世界の学校を見てみよう！」https://www.mofa.go.jp/mofaj/kids/kuni/index.html

須藤健一（すどう・けんいち）

1946年新潟県佐渡市生まれ。埼玉大学教養学部卒。東京都立大学大学院博士課程単位取得退学。文学博士。神戸大学教授、国立民族学博物館館長を経て、現在、堺市博物館館長。専門はオセアニアの文化人類学。1974年から衣食住や家族、社会や政治のしくみ、海外移住や伝統的航海術などについて調査研究を行う。主な著書は、『母系社会の構造ーサンゴ礁の島々の民族誌』（紀伊国屋書店）、『オセアニアの人類学ー海外移住・民主化・伝統の政治』（風響社）、『世界民族百科事典』（丸善出版、編集顧問）など。日本文化人類学会会長、日本オセアニア学会会長を歴任。

原稿協力	菊池麻祐、田口純子、田中真理、成瀬久美子
本文デザイン	AD：渡邊民人（TYPEFACE）
	D：谷関笑子（TYPEFACE）
本文イラスト	アキワシンヤ、井内 愛、オオノマサフミ、香川尚子、つぼいひろき
国旗資料協力	在日パラグアイ共和国大使館
編集協力	株式会社 童夢
校正協力	有限会社 くすのき舎、林 素子（株式会社 聚珍社）、村上理恵

おもしろ大発見！

世界スゴすぎ事典

監修者　須藤健一
発行者　池田士文
印刷所　萩原印刷株式会社
製本所　萩原印刷株式会社
発行所　株式会社池田書店
〒162-0851
東京都新宿区弁天町43番地
電話03-3267-6821（代）／振替00120-9-60072
落丁・乱丁はお取り替えいたします。

ISBN 978-4-262-15545-6

21013001